TAX PLANNING MANUAL

お金持ちは海外で納税する

タックスプランニングの教科書

古橋隆之 著
Takayuki Furuhashi

SOGO HOREI PUBLISHING CO., LTD

はじめに

拙著『税金亡命～ビッグバン時代の超節税法』（総合法令出版刊）の刊行は１９９７年、20余年も前ですが、この間に日本の名目国内総生産（ＧＤＰ）の割合は世界の６分の１から20分の１になっています。２０１０年度には中国に抜かれ、２０２３年（今年）、国際通貨基金（ＩＭＦ）の予測では、55年ぶりにドイツに抜かれて世界4位に転落する見通しとなりました。

背景にあるのは、円安とインフレです。

日本の国民一人当たりのＧＤＰも、２０１４年には香港、２００７年にシンガポールにすでに抜かれました。台湾、韓国に抜かれるのも間近でしょう。１９９０年代には、一時アメリカ（米国）を抜いたこともあった日本ですが、国力の低下は明らかです。

スイスの経営大学院ＩＭＤの「世界競争ランキング」で日本は、２０２３年、64カ国・

地域中35位と調査開始以来、最低となりました。

ロシアのウクライナ侵攻と中東のイスラエル・ガザ戦争勃発で混迷する今の世界経済ですが、日本経済はそのずっと以前から課題山積です。

国・地方のGDP比260%もの長期債務、止まらない少子高齢化、ITデジタル化の遅れ、脱炭素社会の遅れ等々……。

そのような「衰退途上国」と揶揄され坂道を転げ落ちるかの日本を尻目に、海外には成長を続ける企業が多くあります。

GAFAに代表される米国グローバル企業は、世界各国の税制を徹底的に研究し、税率・税務的に有利な国を巧みに利用する「グローバル・タックスプランニング」を積極的に経営戦略に取り入れています。

本書ではそうした国際税務プランを紹介していきます。

グローバル・タックスプランニングは、何も外国企業だけに許された特権ではありません。先進的な日本企業の中にも大企業に限らず、中堅・中小企業であってもすでに実行している手法です。自社の財産を守ろうと考える経営者であれば、企業の規模を問わずにグローバルな〝節税〟への取り組みを考えないではいられないはずです。

さらにグローバル・タックスプランニングは、決して企業だけのものではありません。実際、世界各国の富裕層の多くは、国をまたいだ資産管理に着手し、国際税務への対策を抜かりなく行っているのです。

このように日本でも企業・個人ともに国際的な基準に則った節税を実践すべき状況が生まれています。これからは企業オーナー・富裕層はいわずもがな、課税強化が進行する国内に固執する必要は多くありません。積極的に海外に打って出て、グローバルなタックスプランニングを展開した者だけが生き残れるのは間違いありません。

本書では、世界ビジネスの場で圧倒的な強さを誇る企業群のグローバル・タックスプランニングを紹介しながら、日本と世界主要国の税制をおさえ、グローバルな節税の具体的な方法を解説していきます。また、こうした節税方法が〝逆風〟にさらされていることもアドバイスしていきます。

グローバルなビジネスを目指す企業や資産家の方々の入門書として、本書がお役に立てば、幸いです。

２０２３年11月

古橋　隆之

目次

第1章 超巨大企業のグローバル節税スキームの終焉!?

第2章

日本企業の税金負担とグローバル経営統合

第3章

日本の税金は高いのか？世界と日本との税制の比較

第4章

日本の課税システムを理解する

第5章 海外に出て行かざるを得ない、国内市場の長期低迷

第6章

法人によるグローバル節税

第7章 個人もできるグローバル節税

第8章

租税回避のパラダイスも!?タックス・ヘイブンとは

第9章

タックス・ヘイブンごとの特徴と利用法

参考文献……295

ブックデザイン：木村勉
DTP・図版：横内俊彦
校正：矢島規男
編集：豊泉博司

第1章

超巨大企業のグローバル節税スキームの終焉!?

国際的な課税の新ルールが動き出している

２０２３年３月28日に成立した令和５年度税制改正法には、以下の改正項目がありました。

※※※

五．国際課税

1．グローバル・ミニマム課税への対応

「国税」

（1）各対象会計年度の国際最低課税額に対する法人税「国税（仮称）」の創設

1．納税義務者

内国法人は、各対象会計年度の国際最低課税額に対する法人税（仮称）を納める義務がある。ただし、公共法人については、その義務がない。
２．課税の範囲
特定多国籍企業グループ等に属する内国法人に対して、各対象会計年度の国際最低課税額について、各対象会計年度の国際最低課税額に対する法人税（仮称）を課する。
（注）「右記の「特定多国籍企業グループ等」とは、企業グループ等（次に掲げるものをいい、多国籍企業グループ等に該当するものに限る）のうち、各対象会計年度の直前の４対象会計年度のうち２以上の対象会計年度の総収入金額が７億５０００万ユーロ（約１１００億円）相当額が以上であるものをいう。」

※※※

これだけを読んでも何を言っているのか分からないので説明が必要です。グローバル・ミニマム課税は年間総収入金額（連結売上高）が７億５０００万ユーロ（約１１００億円）以上の多国籍企業グループを対象として、各国ごとに最低でも実効税率15％の課税を確保する仕組みです。ですから、対象外の中小企業は今まで通りのタックス・スヘイブン対策税制のみが関心事になります。もっとも、法人税率がゼロであったタックス・ヘイブンが15％課税になるので、ネガティブな影響は当然あります。

国際課税新ルールの合意骨子

さて、このような改正が成立した背景を知るには2年前にさかのぼる必要があります。当時の読売新聞電子版２０２１年10月9日の記事によれば、「経済協力開発機構（ＯＥＣＤ）は８日、多国籍企業による租税逃れを防ぐ国際課税の新ルールについて、１３６カ国・地域が最終合意したと発表した。世界共通の法人税の最低税率を15％とし、米大手ＩＴ企業などを対象とする「デジタル課税」を導入。約１００年前に国際課税原則が確立されて以来、国際課税ルールの最大の見直しとなり、２０２３年の実施を目指す。発表によると、８日に１４０カ国・地域が参加したオンライン会合で、日本や米国（アメリカ）、中国、欧州の主要国などが合意し、支持を見送ったケニア、ナイジェリア、パキスタン、スリランカの４カ国とは今後も協議を続ける。ルール作りを主導してきた主要

20カ国・地域(G20)の財務相・中央銀行総裁会議が13日に米・ワシントンで開かれ、合意内容を確認する。

法人税率を巡っては、現在12・5%のアイルランドや9%のハンガリーが7月時点で支持を見送り、対応が焦点となっていた。最低税率が「15%以上」から最終案で「15%」になったため、賛成に転じた。

これまで約40年間にわたる法人税率の引き下げ競争で、主要国では財政運営に影響が出ていた。コロナ禍で財源確保の必要性が高まり、低税率国に利益を集める巨大企業の「課税逃れ」が問題視されていた。

一方デジタル課税は、売上高が200億ユーロ(約2・6兆円)超で、税引き前の利益率が10%超の企業が対象となる。課税対象は米グーグルなど約100社になる見通しで、銀行や保険などは対象外だ。

利益のうち、売上高の10%を超える「超過利益」の25%を関係国・地域に配分することでも各国が合意した。一部の国が独自に導入しているデジタル課税は、参加国が今後結ぶ条約の発効に合わせて廃止する方向だ。

法人税は、工場やオフィスなどの拠点がある国・地域で課税されるのが原則だがIT大

図1-1　第１の柱（市場国への新たな課税権の配分）

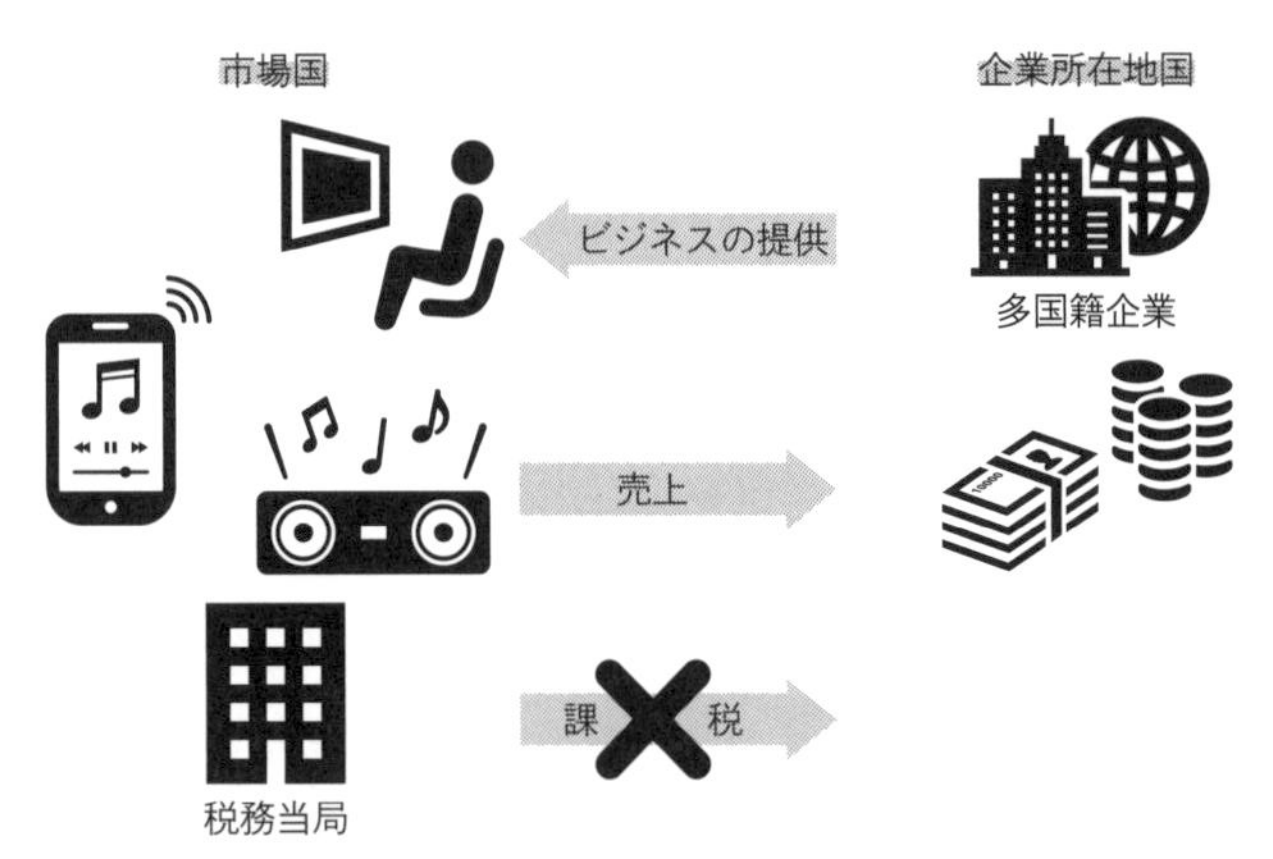

➡「課税対象（scope）」は、売上高200億ユーロ（約2.6兆円）超、利益率10％超の大規模・高利益水準のグローバル企業（全世界で100社程度）

➡大規模な多国籍企業グループの利益率10％を超える超過利益の25％を市場国に配分

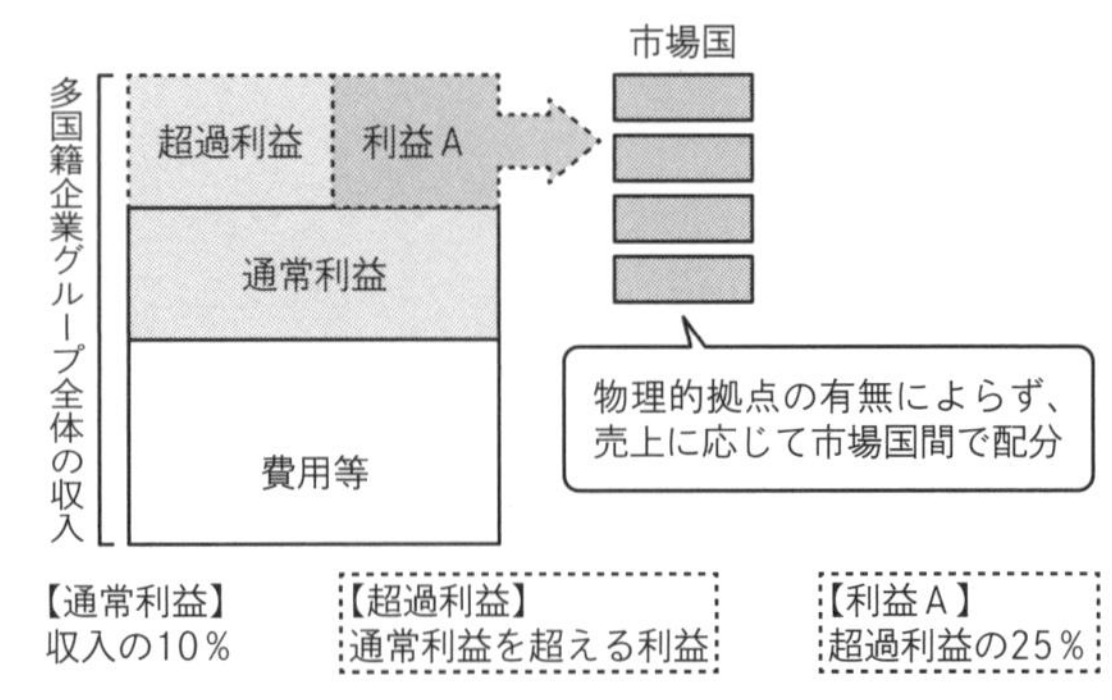

出所　財務省資料（2020年10月22日）

図1-2　第2の柱(グローバル・ミニマム課税)

●年間総収入金額が7.5億ユーロ(約1,100億円)以上の多国籍企業が対象。一定の適用除外を除く所得について各国ごとに最低税率15%以上の課税を確保する仕組み。

●日本においては、国際的な合意に沿って、以下の3つのルールを導入する方向で検討。

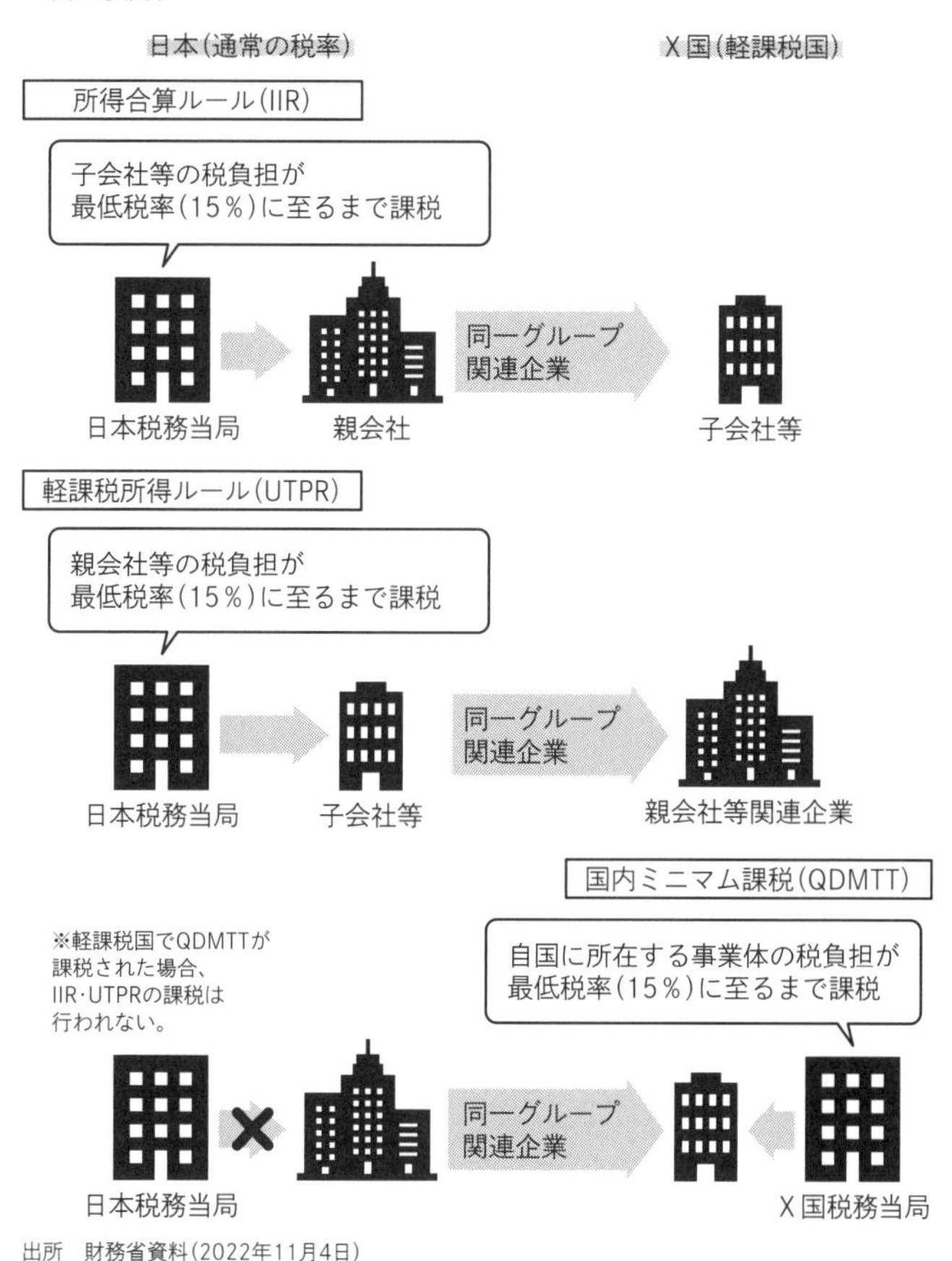

出所　財務省資料(2022年11月4日)

手は拠点がなくても世界各地でネットサービスを通じて稼いでいる。こうした国・地域では、適切に課税できないとして不満が出ていた」とあります。

記事にある最低税率15％はＯＥＣＤのＢＥＰＳ（Base Erosion and Profit Sifting：税源浸食と利益移転）包摂的枠組みの「第2の柱」です。デジタル課税は「第1の柱」と位置づけられ、「第2の柱」の法人税の最低税率の適用は各国の国内法によって導入されます。日本なら日本、英国なら英国の税制改正によります。これが冒頭の令和5年税制改正の理由です。

改正により２０２４年4月以降に開始する事業年度から、売上高（連結売上）7億５０００万ユーロ（為替変動で１ユーロ１５５円なら、約１１６２億円です）の企業の海外子会社の税負担率が、例えば10％なら、不足分15－10＝５％分が親会社所在地国の本国で追加課税となります。東南アジアなどに進出して税制優遇を受ける日本の製造業などの大企業は、負担が増える恐れがあります。

デジタル課税の方は、２０２３年半ば過ぎにＯＥＣＤが同年7月12日に２０２５年の多国間条約の発効目標を打ち出しました。全世界売上高が２００億ユーロ超（１５５円換算で約3・1兆円）かつ税引前利益率が10％超のほぼ全業種が対象になりますが、世界で該当するのは100社程度の見込みです（図1－1）。

最低税率15％の「確保」には3つのルールがあります（図1－2）。

ひとつ目のルールは、所得合算ルール（IIR：Income Inclusion Rule）と言い、例えば海外の子会社の税負担が15％を下回る場合、株主の親会社所在地の日本で15％になるまで課税する制度です。日本はまず令和5年税制改正でこれを導入しました。イメージ的には、日本法人のタックス・ヘイブン子会社利用の一般的パターンと言えます。

2つ目は、軽課税所得ルール（UTPR：Undertaxed Profits Rule）で、ひとつ目のルールとは逆に、タックス・ヘイブン国に親会社があってその子会社が日本にある場合、親会社の税負担が15％になるまで日本で子会社に課税するという制度です。例えば、税負担率の高い日本からロイヤリティをタックス・ヘイブン親会社に払えば、日本の税金もその分減って親会社は低い税率でしか課税されないからです。

3つ目は、国内ミニマム課税（QDMTT：Qualified Domestic Minimum Top-up Tax）で、国内にある会社の税負担が15％を下回る場合、15％までその会社の所在地国の税務当局が課税する制度です。簡単に言えば、シンガポールや香港の日本子会社の実効税

図1-3　第2の柱（所得合算ルールのイメージ）

軽課税国に所在する子会社等の税負担が国際的に合意された最低税率（15％）に至るまで、親会社の所在する国において課税を行う制度

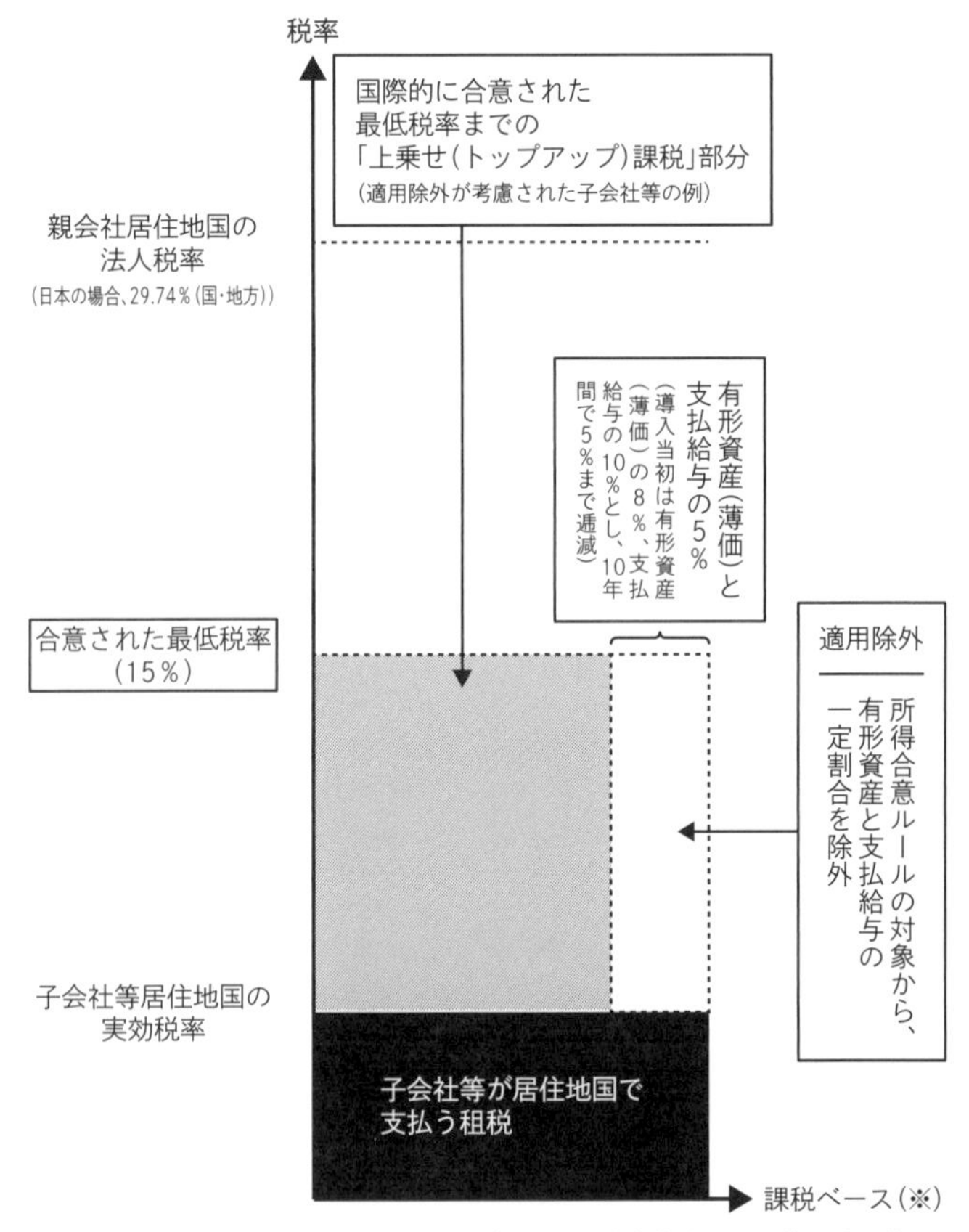

（※）所得合算ルールの課税ベースは、調整された財務諸表の税引前利益を使用

出所　財務省資料（2022年11月4日）

率が10％の場合、シンガポールや香港で15％まで課税できるというルールです。もちろん、日本にある関連会社にも適用されますが、日本では15％未満のケースはまれだと思います。シンガポールや香港でこの制度が導入されると、ひとつ目、2つ目のルールが適用されず、つまり、日本親会社での課税はできず、シンガポールや香港での課税で終わってしまいます。

さて、こうしたOECD合意によって、超巨大グローバル企業のタックスプランニングの内容がどのように変容を遂げざるを得ないかは、本著の範囲、筆者の能力を超えるものですが、OECD合意前、超巨大企業のひとつであるアメリカのアップルが行った国際的タックスプランニングを取り上げておくことは、OECD合意の背景を知るためにも意味があると思われます。

まずは、アイルランドにおけるアップルの海外組織構成からみてみましょう。世にいうダブルアイリッシュスキームです。アイルランドの法人税率は12.5％ですが、アップルは当局との交渉により2％以下という特別税率で課税されていました。

国際的タックスプランニングの例

アップルのグローバル節税手法

米国に本社を持つアップルは、アイルランドに100％子会社であるアップルオペレーションズインターナショナル（ＡＯＩ：Apple Operations International）を設立しています。このＡＯＩは持株会社機能を有し、米国上院の調査委員会で問題になった当時、図1－4のように、傘下に多数の子会社を保有している会社です。さらにＡＯＩは傘下の子会社からの受取配当金を原資とした資金の貸し付けも行っていました。

ＡＯＩは1980年にアイルランドで設立されましたが、30年以上にわたって同地には従業員が1人もおらず、3人の役員がいるだけでした。しかもそのうち2人はカリフォルニア在住の米アップルの従業員、残る1人のみがアイルランド在住で子会社ＡＤＩ（Ap-

図1-4　アップルの海外組織ストラクチャー

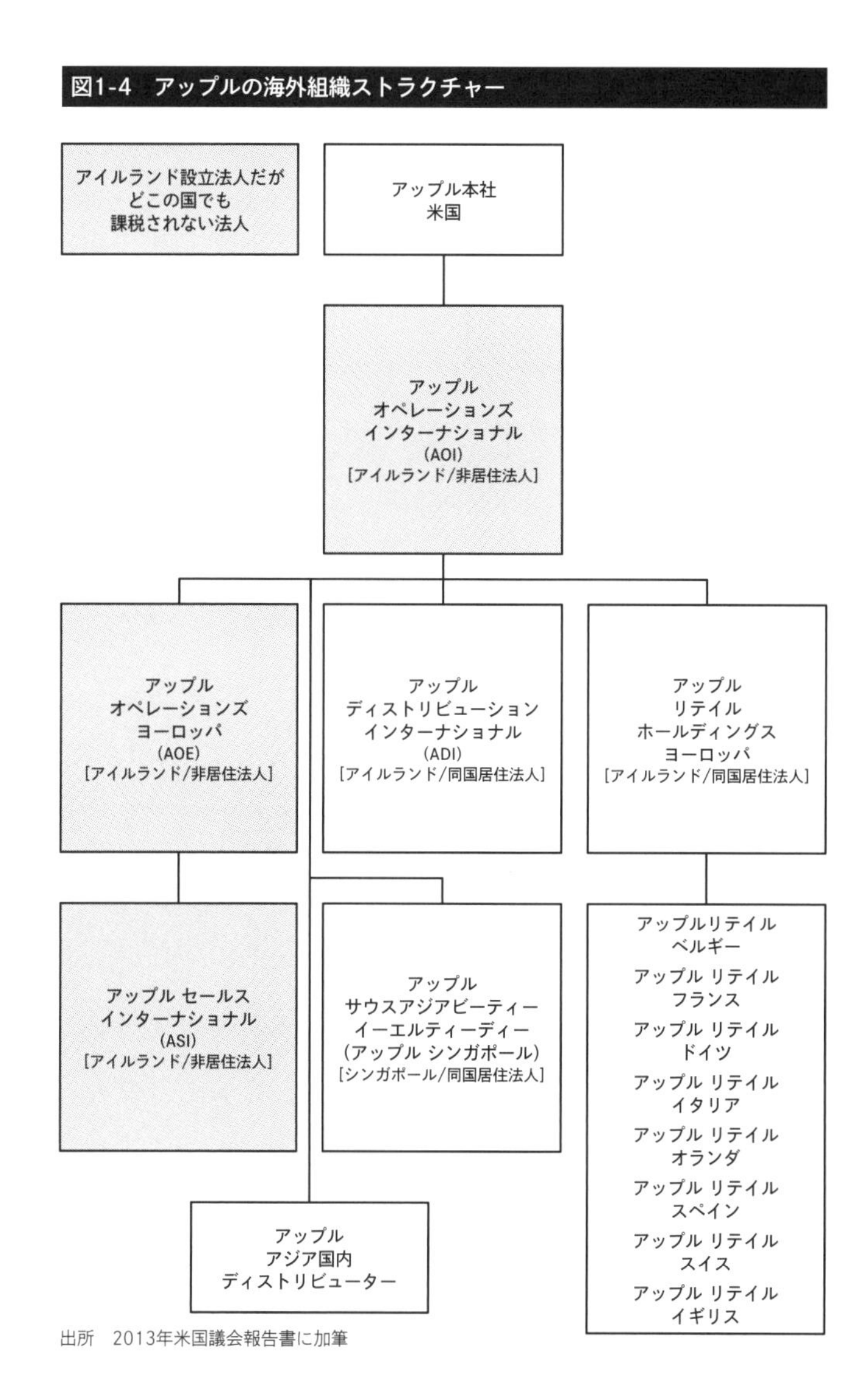

出所　2013年米国議会報告書に加筆

ple Distribution International）の従業員となっていました。ＡＯＩの役員会は常に米国で開催され、アイルランド在住の役員は電話によって参加します。アイルランドで設立・登記されているとはいえ、実質的にＡＯＩの管理・支配は米国でなされていることは間違いありませんでした。

これをアイルランド、米国それぞれの税法に当てはめると、ＡＯＩはアイルランドでは「非居住法人」になり、一方の米国でも「非居住法人」となります。その結果、アップルの子会社ＡＯＩは、税務上は両国どちらの居住法人にもならず、アイルランドでも米国でも課税されないという「二重非課税」状態になるのです。

これは米国の税法上の問題でした。

国際的にみて、法人の所在地国の判定には2つの基準があります。ひとつはアイルランドのような、事業の指揮管理を行う場所を基準に法人の居住地を決める「管理支配地基準」、もうひとつは本店の登記された所在地を基準とする「本店所在地基準」です。米国や日本は後者、アイルランドやシンガポールなどは前者、イギリスは2つの基準を併用しています。

しかし米国の税法上、ＡＯＩの法人格を否認し、その利益を米アップル本社の所得として認定することは非常に難しいとされています。ちなみに「法人格の否認」とは、法人が実質的に事業を行っていない隠れみのである場合や、理由もなく法人化しているケースなどでその法人を独立したものと認めず、法人とその株主を一体と考えることです。

さて「二重非課税」が適用されたＡＯＩは、当然、米国で過去５年間にわたって税務申告をせず、法人（連邦）税を払っていませんでした。まさにこの点が米国上院の調査委員会で問題に挙げられた点のひとつだったのですが、アップル側の主張の通り、そこにはなんら違法な点はありませんでした。

コスト・シェアリングによる課税対象の極小化

アップルのグローバル節税では、非居住法人による二重非課税以外にも、コスト・シェアリングによる税金の極小化に注目が集まりました。これもまた「二重非課税」を活用した手法です。

図１－５にあるアップルセールスインターナショナル（ＡＳＩ：Apple Sales International）とその親会社であるアップルオペレーションズヨーロッパ（ＡＯＥ：Apple Operational

図1-5　アップルの海外製造・販売のストラクチャー

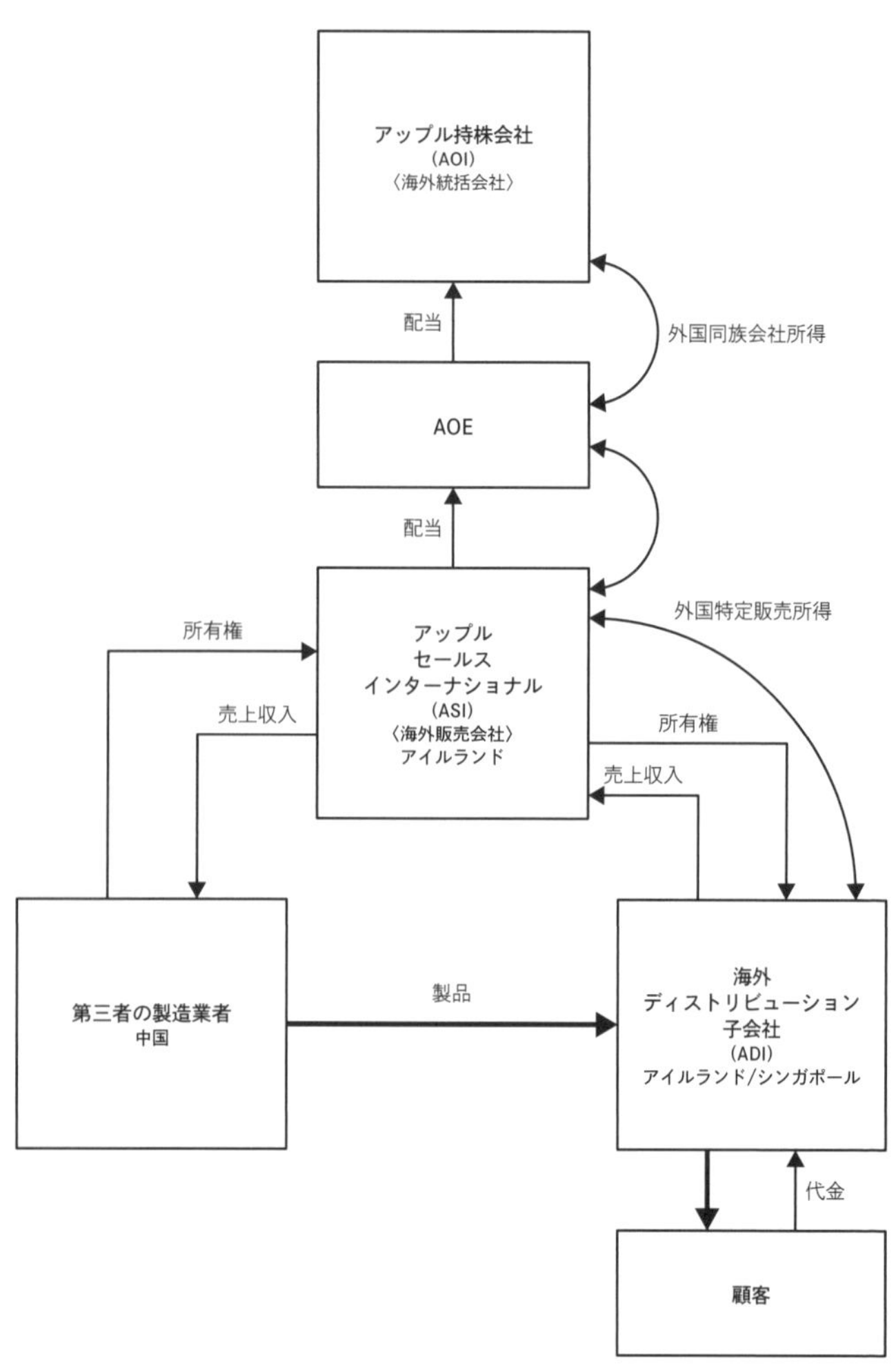

出所　2013年米国議会報告書に加筆

ations Europe）も、ＡＯＩと同様にアイルランドおよび米国の税務上の居住法人ではありません（もっとも、ＡＳＩはアイルランドで法人税の申告をしており、２０１１年は２２０億ＵＳドルの売上に対して１０００万ＵＳドルを納税しています。同社はアイルランドでも非課税なのですが、アイルランドの顧客に販売した製品の利益を納税申告しているとのことです）。

ＡＳＩとＡＯＥは、両社で米国アップル本社との知的財産の研究開発コストを分担する契約を結んでいます（コスト・シェアリング：費用分担契約）。

このコスト・シェアリングとは、知的財産を開発する際に本社が単独で開発費用を負担するのではなく、外国の子会社との共同開発としてそれぞれが費用を分担するという契約です。アップルの場合、研究開発によって得られた知的財産からの利益の多くがＡＳＩに帰属するようになっています。つまり研究開発機能がない会社にも無形資産を持たせることができます。

ＡＳＩはその機能以外に、中国の製造業者からアップル製品を仕入れ、ＡＤＩや Apple Singapore に再販売する役目を持っています。ＡＳＩはその販売利益から親会社ＡＯＥに４年間で７４０億ＵＳドルを配当し、さらにＡＯＥがＡＯＩに配当することで、ＡＯＩに資金がプールされていました。

内部取引が非課税領域を生み出す

コスト・シェアリング契約によって海外子会社が知的財産の所有者になると、親会社に特許権や製造ノウハウに関してのロイヤリティを支払う必要がなくなります。この条件によって、親会社つまり米アップルへの移転価格税制の適用も難しくなるのです。では、アイルランドの子会社に留まる利益は、本社米国では課税がなされないのでしょうか？

低税率国にある子会社などが得た利益が、本国の個人株主、親会社の所得と合算されて、本国の税率に基づいて課税される仕組みに「タックス・ヘイブン対策税制」があります。これは主要国には存在し日本でも同様です。米国において、日本のタックス・ヘイブン対策税制にあたるものが「サブパートF条項」です。

図1－4のAOIとその傘下の子会社群は、法律上はAOIの子会社や孫会社になります。しかし、米国の「チェック・ザ・ボックス」と呼ばれる規則を適用すると、AOEと

その子会社など傘下の子会社群は、すべてＡＯＩの「支店（disregarded entities）」として扱うことが可能になります。

このチェック・ザ・ボックス規則とは、大枠で米国企業の海外事業体への課税の方式を、

1　法人として課税する
2　支店として課税する

の2種類のどちらかを企業が自ら選択できる規則です。本店‐支店間での取引は「内部取引」として相殺され、相互での所得はないものとして非課税になります。これで、米国外でのタックスプランニングがやり易くなるわけです。

アップルのケースでは、支店として課税を選択した場合、ＡＯＩの子会社・孫会社であるＡＯＥ、ＡＳＩ、ＡＤＩ等の間の取引はすべて同じ会社内のものとなります。この部分は課税対象外となり、ＡＯＩが直接顧客にアップル製品を販売していることになります。

さらに「子会社でない」のですから、米国におけるタックス・ヘイブン対策税制「サブパートF条項」に関しても対象外となり、法人税を払う義務も発生しませんでした。

また、ASIからAOEへの配当740億USドルは、次いでAOEからAOIに配当されて資金プールされますが、この配当に関してもチェック・ザ・ボックス規則が適用され、AOIへの課税はなされませんでした。

パラダイス文書

パラダイス文書は、イギリスの海外領土であるバミューダ発祥の法律事務所アップルビーから流出した計1340万件の文書のことです。国際調査報道ジャーナリスト連合（ICIJ）が2017年11月5日に内容を報じ、世界の政治家や企業などが租税回避地（タックス・ヘイブン）を通じて課税逃れに関与していた疑いを告発したものです。

この文書によれば、アメリカ議会の厳しい批判を受け、アップルは2014年初めから子会社の本籍地国を探していました。またアイルランド政府も2013年の税制改正で、同国内で設立された法人が課税を受けている国で管理・運営されていることを示せれば、アイルランドの法人税に服さないことになりました。

これはアップルからすれば、米国で法人税を払うか、新しいタックス・ヘイブンを探すか二者択一の選択を迫られたことになります。そこで法律事務所アップルビーに相談と相成るわけですが、候補地としてはイギリスの海外領土であるブリティッシュ・ヴァージン諸島、ケイマン、ガーンジー、マン島とチャンネル諸島が挙げられました。

アイルランド政府は２０１４年10月、同国で設立された法人はタックス・ヘイブン国にて管理・運営されてはならない、とさらに規制を強化しました。ただし、２０１４年度末までのアイルランド設立法人でタックス・ヘイブンにて管理・運営されている法人については、２０２０12月31日まで、この管理形態が継続可能となりました（ガーディアン２０１７年11月６日電子版記事）。

アイルランドの税務上の減価償却費

ガーディアン２０１７年11月６日電子版記事は、ＡＯＥに、ＡＳＩの保有している無形資産が譲渡され、ＡＯＥにロイヤリティ収入がもたらされるものも、無形資産は１００％

損金で利益が殆んど出ないと推測しています。また無形資産の買入資金はグループ会社間のローンでまかないその金利も経費になります。

アイルランドでは、２００９年5月8日以降に取得した知的財産などの無形資産は１００％取得時に経費処理ができます。15年間の償却も選択可能です。２０１７年10月11日以降は80％に一時損金が減少されましたが、２０１５年から２０１７年の間にアイルランド法人に帰属した無形資産は１００％損金が継続されました。

アイルランドの法人税率は12・5％ですが、この無形資産の有利な償却方法とグループ会社間のローン金利によって、実効税率が2・5％まで下がるプランが可能と同紙は指摘してます。

ＥＵ（欧州委員会）の反撃

アップルはこのようにアイルランドで巨額の税務メリットを受けていたため、欧州委員会は２０１６年8月、アイルランド政府が違法な税優遇をアップルに与えたとして、過去の優遇分や利息を追徴課税で取り戻すよう同国政府に指示しました。アイルランド政府が米アップルに与えた130億ユーロ規模の税優遇は違法としたのです。

欧州委員会はこの税優遇はEUが禁じる「国家の補助」に当たると判断しました。アイルランドは法人税率が12・5％と低く、子会社を経由した取引や税優遇策を利用して実質的な税率は2003年の1％から2014年に0・005％に下がったとの主張です。

アイルランド政府とアップルはそれぞれ欧州委員会の判断を不服として一般裁判所に提訴し、2020年7月15日の判決ではこの130億ユーロの追徴課税の指示を無効と判断しました。国家補助の目的のために特別な優位を与えたことを十分に証明できなかったからです（日経新聞2021年9月26日記事）。ただし、アップルは2018年9月に総額143億ユーロをアイルランド政府に支払ったと発表しています。

国境を超えたスターバックスのスキーム

スターバックスは1998年にイギリスへ進出して以来、同国で累計30億ポンド（約5300億円）の売上を上げていましたが、法人税の支払は860万ポンド（約15億円）のみで売上の0・2％に止まっていました。

図1-6　スターバックスのグローバル節税スキーム

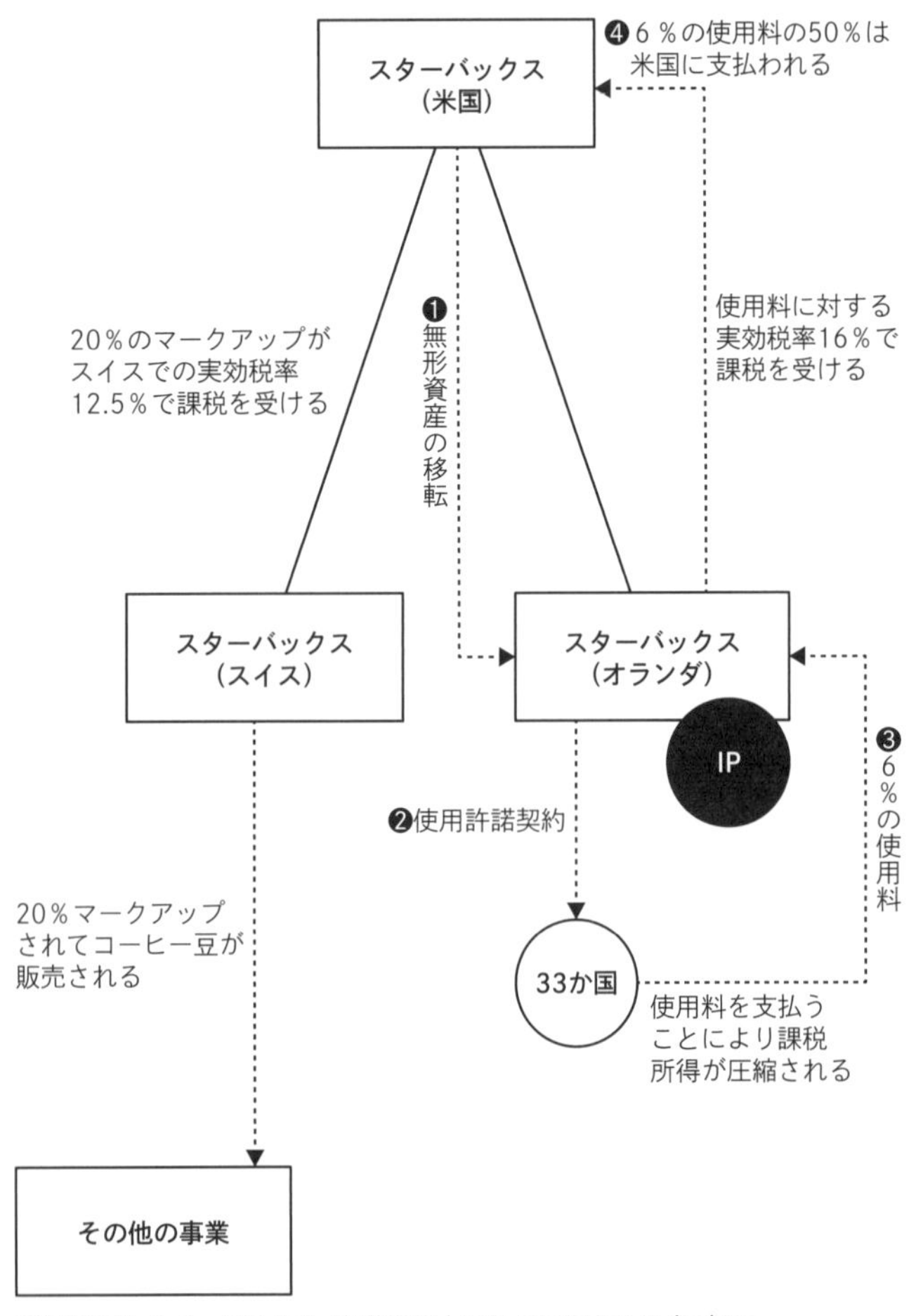

※組織図はイメージであり、実際の資本関係とは異なる場合がある

出典　平成24年度アジア拠点化立地推進調査等事業調査報告書（経済産業省、税理士法人プライスウォーターハウスクーパース）

全世界でのスターバックスの税引き前利益は2011年が14億USドル（約1400億円）ですが、イギリスでは過去15年間のうち14年間にわたって利益が出ていないということになっていました。これはフランスとドイツでも同様で、同社は両国でも過去10年間、税金を収めていなかったのです。これはどういうことだったのでしょうか？

スターバックスがイギリスなどで採用した節税手法は図1-6とされています。そのポイントは、主に次の2点から成り立っていました。

実効法人税率12・5％ 全スタバの75％のコーヒー豆を扱うスイスの会社

スターバックスにはスイスに子会社があり、全世界のコーヒー豆の取引を行っています。このスイスの会社は、スイスの法人実効税率12・5％で課税されていましたが、この低い税率はスイスのカントン（州）における優遇税制を利用する結果でした。

同社はコーヒー豆を輸入して焙煎したあと（焙煎はオランダの別子会社が行います）、原価に20％の利益を上乗せして、全世界の関連販売会社に販売します。

これによってイギリスのスターバックスのみならず、世界中にあるスタバ（各国の販売会社）は、最初から原価に20％のコストを加えたコーヒー豆を購入する形となり、現地での販売利益のなかの当該部分がスイスの子会社に移転することになります。

もし、この20％分がなければその分の利益は販売国での法人税課税対象になりますが、このグローバル節税スキームによって、その利益は実効税率12・5％のスイス子会社に移転されるのです。ちなみに、スターバックスによれば、当時、世界のコーヒー豆の売買の75％はスイスで行われていたそうです。

無形資産の多国間ライセンス契約

米国ワシントン州シアトルで1971年に開業したスターバックスは、コーヒー製法についての知的財産権や商標権などの無形資産を、米国本社からオランダ法人に移転していました。このオランダ法人は販売会社（各国のスタバ）にその使用を許諾し、6％のライセンス料を受けとっていたのです。

イギリスや各国のスターバックスでは、ライセンス料支払いによって利益が圧縮され、現地での法人税課税対象額が減少します。一方でライセンス料を受け取るオランダ法人の法人実効税率は16％という低率に抑えられています。またライセンス料の50％が米国の親会社に支払われるのですが、その支払い分にはオランダでの源泉徴収税は課税されません。

スターバックスについても欧州委員会は、本社アメリカスターバックスへの税優遇は違法だとして、オランダに追徴課税の指示を出しましたが、2019年9月に欧州一般裁判所は、国家補助にあたる特別な優遇をしたとは立証できないとして取り消されています。

国境なきグローバル企業は本社機能を税金の低い国に移転!?

後に説明しますコーポレート・インバージョンを目的とした超巨大企業クロスボーダーのM＆Aは2014年から2015年に計画や実行が相次ぎました。なかでももっとも積極的なのは米国企業でした。

ヘルスケアテクノロジー大手のメドトロニックは、2015年にアイルランド籍のコヴィディエンと統合を果たしました。ジョンソンコントロールズ（空調設備大手）のアイルランドへのインバージョンが実行されました。

一方、米製薬大手のファイザーによる英アストラゼネカのM＆Aは失敗に終わりましたが、その資金として利用される予定だったのは、ファイザーが海外子会社に貯めこんだ690億USドル（当時のレートで約6兆9000億円）でした。もし、ファイザーが海外子会社の690億USドルを配当として米国に還流すると、当時の米国税制では、実効法人税率40％課税、276億USドル（当時のレート約2兆7600億円）もの納税が発生します。

M&Aの目的はさまざまですが、実効法人税率40％と、当時、世界最高水準の法人税率にさらされていた米国企業にとり、株主利益の最大化を図るためには、海外M&Aによって本社機能を税金の低い海外に移転できるというメリットは大きなものでした。

一方、ファイザーのM&A戦略が成功し、イギリスに本社機能を移転できれば法人税率は、その当時の米国40％からイギリスの21％へ低減できたはずでした。ちなみに、イギリスでは法人税率が引き下げられ、2015年4月からは20％で、さらに2017年4月1日以降、一律19％になっています。が、コロナ禍の大規模な財政支出に対応した財源確保などのため2023年4月から25％に引き上げられ、ただし、50000ポンド未満の所得税は19％のままです。

イギリスが税務上の本社で、オランダに登記上の本店を置くケースもあります。

イタリアの自動車メーカー フィアットによる、米クライスラーのM&Aがそのケースです。オランダに登記上の本店をおく理由には、一定の条件を満たせば年次総会をオランダ国外で開催可能であること、また議事録も会議なしに作成することができ、さらにコーポレートガバナンスも不要、監査委員会も不要、といった利点があるからです。

イギリスが税務上の本社になれば、イギリスでは課税を受けます。しかし、もしイギリス法人が持株会社であれば資本参加免税（一定の株式保有率を満たせば、海外子会社からの配当が非課税になる等の優遇税制制度、イギリスの場合は保有率10%）が適用されます。その場合、海外子会社からの配当にはイギリスでの課税はなく、子会社の株式を売却した際のキャピタルゲインも非課税です。この資本参加免税はイタリアにもありますが、こちらの場合は配当の非課税は95%までです。キャピタルゲインについて当時の27・5%の税率で法人税がかかってしまうため、税務上の不利な点は否めません。

このように、本社移転を伴うグローバル企業のM&Aは、移転先の税体系に大きく依存する可能性が高いといえます。

参考までに、このフィアット・クライスラー・オートモビルズ（FCA）とフランスのプジョー（PSA）は、2021年1月4日に開催された両社のそれぞれの株主総会において、ＦＣＡとグループＰＳＡが合併して新たにStellantis N.V.（ステランティス）を設立することを、両社の株主がほぼ満場一致で承認したと発表しています。

米国多国籍企業による親会社の国外脱出とのその規制

本社移転という手法ではなく、外国に新たに親会社を設立することを「コーポレート・インバージョン（Corporate Inversion）」といいます。例えば米国に本拠をおく多国籍企業グループが、低税率あるいは非課税のタックス・ヘイブンに新しく会社を設立し、その会社が新たな多国籍企業グループの親会社に代わる存在になることが「コーポレート・インバージョン」です。本社機能は米国内の旧グループ本社に残しますが、資本関係上はタックス・ヘイブン等の会社が親会社になるという形です。

コーポレート・インバージョンの最大の利点は、サブパートＦ税制（タックス・ヘイブン税制）が適用されないという点にあります。これはあくまで同税制がタックス・ヘイブンにある子会社に適用されるもので、外国にある親会社の留保利益を子会社の所得に合算して課税するものではないからです。

コーポレート・インバージョンが増えれば、当然米国の法人税収が減ってしまいます。米国では既存の税法規定などでの対応を検討しましたが、どうしてもそこには限界がありました。

そこで2004年以降に新しい対策税制を導入することで、新たに米国でもコーポレート・インバージョン実施後の課税を可能としました。

その対象となるケースの概略は以下の通りです。

1　内国法人で、設立準拠法国で事業活動を行わない外国法人に資産のほかすべてを直接・間接に取得させ、この取引の結果、その内国法人の株主の60％以上80％未満が外国法人の株主となるもの

2　外国法人で、内国法人の資産のほぼすべてを直接・間接に取得し、設立準拠法国で事業活動を行わない上に、内国法人と比較して株主構成に80％以上が変化していないもの

1は、インバージョンのあとに米国親会社の（旧）株主が、タックス・ヘイブンや低税

率国で同地の会社法によって設立した外国会社の60％以上80％未満の株主に代わることです（60％インバージョン）。

2は、米国親会社の（旧）株主が、外国会社の80％以上の株主に代わることです（80％インバージョン）。

設立準拠法国で事業活動を行わない外国法人には、カリブ海のケイマン諸島などのタックス・ヘイブンで最小限の事業のみを行う法人が対象となりますが、その具体的要件は規定されていませんでした。

しかしながら、その後も継続した度々にわたる改正にもかかわらず、結果的には米国の大規模多国籍企業がアイルランドやイギリス等の会社と合併するという形をとり、コーポレート・インバージョンはますます増加していました。

コーポレート・インバージョン改正法

アメリカでは2014年だけで、ファイザー、メドトロニック、ウオルボグリーン、バーガーキングのコーポレート・インバージョンの計画や実施が話題となり、米国財務省、

IRS(内国歳入庁)は2014、15年に告示を公表し、2016年に暫定規則が発表されました。

その重要点の大まかな内容は次の通りです。

1 「実質事業活動」という要件があり、インバージョン後のグループ全体の有形資産・従業員・所得の25%が外国親会社の設立国に所在していれば、インバージョン規制が避けられる。ただし、その設立国において外国親会社が居住者として課税されることが要件。つまり、例えばイギリス会社法の設立会社でも、タックス・ヘイブンのアイルランドやブリティッシュ・ヴァージン諸島などを税務上の居住地とする場合には、実質事業活動要件を満たしません。

2 この実質事業活動要件を満たさないと、80%インバージョンでは、外国親会社は米国税法上、米国の法人とみなされ課税され、60%インバージョンでは、インバージョン後の10年間のリストラクチャリングから得る所得について、繰越欠損金・外国税額控除の適用制限があります。

3 米国会社が例えば、カナダの会社やアイルランドの会社との統合で、第三国の英国で新設された外国親会社のもとで統合されるインバージョンでは、その殆んど80％インバージョンとみなされる、つまり米国税法上、米国の法人とみなされます。

このように、インバージョンによる米国での高い法人税課税の回避という主目的が改正により達成できなくなったため、米国大企業のインバージョンは２０１６年の米国のジョンソンコントロールズ（空調設備大手）のアイルランドへのインバージョンを最後に、事例がないようです。

２０１７年トランプ税制改正（Tax cut and Jobs Act）

アップルのような巨大な無形資産をグローバルにもっている企業に対して、グローバル無形資産課税所得（Global Intangible Law-Taxed Income：ＧＩＬＴＩ）が導入されました。海外子会社が一定の超過収益をうむ無形資産をタックス・ヘイブンに持っていた場合、この超過収益に10.5％で課税するものです。合算課税の対象額は50％に減額され、トランプ税制による法人税率が21％に下げられたため、実効税率が10.5％になります。

外国派生無形資産所得（Foreign-derived Intangible Income：ＦＤＩＩ）も導入されました。ＦＤＩＩは、米国法人が海外に知的財産権を持つなどして超過収益を得てる場合、37・５％の控除が認められ13・１２５％の実効税率が課税されます

簡単にいえば、ＧＩＬＴＩは海外子会社の超過収益に課税するもので、ＦＤＩＩは海外利益を引っ張ってきた米国法人には税金を安くするものです。つまり米国外投資には、課税を強化し、米国内投資への軽減課税で、国内の投資や雇用増につなげようとした税制改正といえます。

合算課税の対象額は、タックス・ヘイブン子会社の収益の額がその子会社の減価償却資産（米国税務上）の10％を超える場合に、その超えた額の半分を米国親会社の所得に合算します。知的財産のみを保有している子会社の収益の全部がＧＩＬＴＩの対象になります。

一方、タックス・ヘイブン子会社が現地で払った税額の80％までは、ＧＩＬＴＩから外国税額控除として差し引かれるので、海外での実効税率が13・１２５％（＝10・５％÷80％）以上であれば米国での追加課税は出ません。

しかし、ＧＩＬＴＩの計算上、合算課税の対象額は、タックス・ヘイブン子会社の収益の額がその子会社の減価償却資産（米国税務上）の10％を超える場合、つまりこの10％分

は、合算課税の対象額から控除されますので13・125％のミニマム税率も下がります。ちなみに、グーグルやマイクロソフトは、この改正の翌年2018年にアイルランドの事業所の物的設備を大幅に増加しています。

現在のバイデン政権の税制改正ではGILTI税率をグローバルミニマル課税の15％への引き上げ法案がありましたが、改正はなされませんでした。

図1-7　諸外国の動向（米国：2017年税制改革）

●連邦法人税率を大幅に引き上げる（35％→21％）とともに、以下の仕組みをセットで導入。これにより、高収益事業の米国外への流出を防止するとともに、米国内で経済活動を行う場合の国際競争力を確保。

❶外国子会社が稼得した所得に対して、一定税率で米国親会社で合意課税（全世界最低税率の導入。GILTI税制※）
※Global Intangible Low-Taxed　Income なお、制度上は、無形資産に限定された合算課税制度ではない。

❷米国法人が国内で稼得した国外所得に対して、一定の所得控除（実質的に特別の法人税率で課税。FDII税制※）
※Foreign-Derived Intangible Income　なお、制度上、対象は無形資産に限定されていない。

●また、以下の仕組みを導入し、米国企業と外国企業との競争水準の均衡（レベルプレイングフィールド）を確保。

❸米国法人から国外関連者への税源浸食的支払による損金算入額等の一定割合を追加課税（BEAT税制※）
※Base Erosion and Anti-abuse Tax

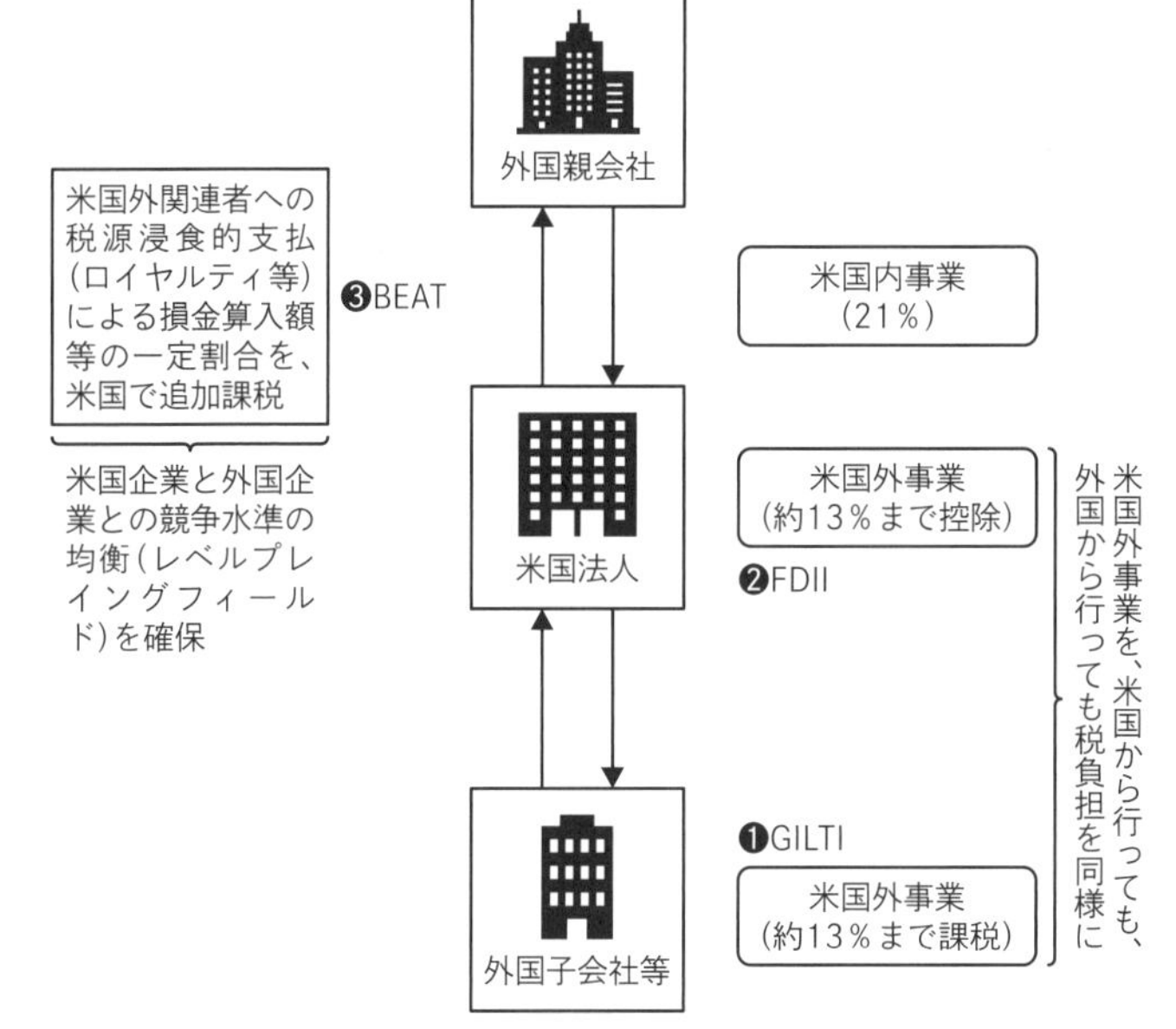

出所　環境省貿易経済局「事務局資料」2021年3月1日

第2章

日本企業の税金負担とグローバル経営統合

日本企業の海外M&A

武田薬品のシャイアー買収

この章では、最近の日本企業のグローバルなM&Aを通じて、その税務プランニングをみていきます。

シャイアーは、アイルランドで法人税を支払う製薬会社ですが、設立地はイギリス海峡のチャンネル諸島にあるジャージー（イギリス王室属領ジャージー代官管轄区）です。

この買収の主なポイントは、

1 スキーム・オブ・アレンジメント（SOA）
2 武田薬品の株式を対価としたM&A（図2－1）

となります。

1 スキーム・オブ・アレンジメント

MARR onlineより引用しますと、「英国の会社法上の組織再編制度の一つ。株式交換、100％買収、会社分割、債務再編など組織再編に関する計画を、利害関係者の集会での決議と裁判所の認可を経て行う仕組みのこと。成立すれば個別同意を得ることなく、対象となる株主や債権者全員がその条件に拘束される。
日本企業のM＆Aでは、現金、株式又はその組み合わせを対価として、英国籍の対象会社を100％子会社化する際の買収手続きとして多く活用されている。具体的には、買収対象会社の同意の下、裁判所が招集する株主総会において株主の過半数かつ総議決権の75％以上の賛成があれば計画が承認され、その後に裁判所の認可を経ることで、100％子会社化が達成される。」とのことです。

シャイアーの本店所在地のジャージーの会社法にも、英国と同じSOAの規定があります。後述しますが、ソフトバンクグループの英国ARMホールディングスの買収もこのスキームが使われています。

図2-1　本件買収のストラクチャー

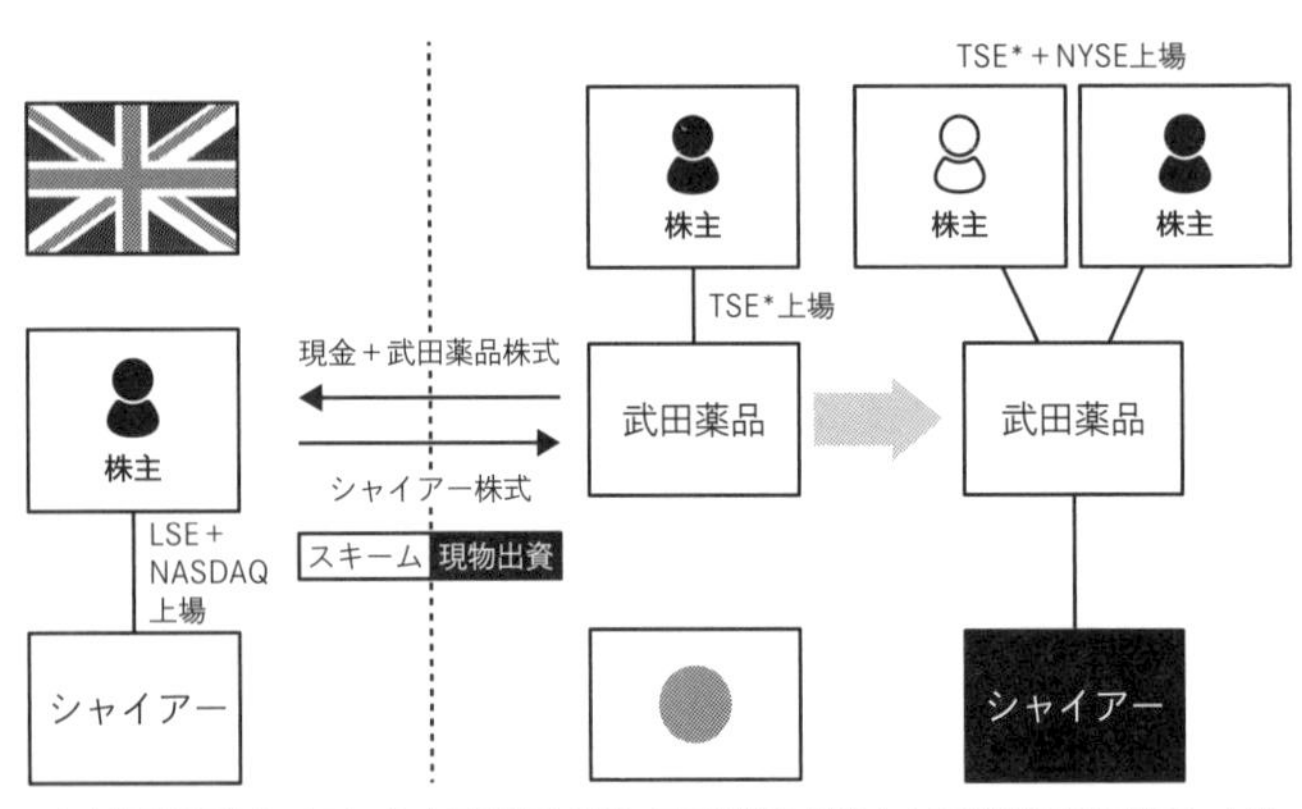

*東京証券取引所のほか、名古屋証券取引所、福岡証券取引所および札幌証券取引所に上場。

出所　商事法務No.2199

買収対価のうち、約半分強の約3兆1300億円程度が武田薬品の株式または米国預託証券（ADS：非米国の公開企業の株式を裏づけに発行される米国証券）でした。残りの約半分弱の約3兆3000億円程度が銀行借入による現金、また買収完了直後に武田薬品のADSがニューヨーク証券取引所に上場されています。

2　株式対価M&A

M&A対価の武田薬品株式については説明が必要です。日本企業を買収する場合、株式交換や現物出資などの手法があります。株式交換では、買収される会社の株式と、買収する側の会社の株式とが交換されます。

しかし、日本の会社法は外国企業との株

式交換などの組織再編を認めていないため、シャイアーの株主からその株式が武田薬品に現物出資され、その対価として武田薬品株式を発行する、現物出資方式がとられました。気になる株主への税金ですが、武田薬品の株主については、シャイアーの株式の現物出資による新株発行のみですので、税金はありません。

米国法に基づく逆三角合併利用の日本上場会社の株式対価M&A

日本企業の株式対価を利用した外国企業のM&Aには、武田薬品が利用した英国法のスキーム・オブ・アレンジメントと、米国法に基づく逆三角合併があります。

後者の事例としては、三菱HCキャピタルの米国の大手海上コンテナリース上場企業CAI社の買収があります。逆三角合併では対象会社に吸収される会社、特別目的会社（SPC）が必要で、それがなければ新しく会社を設立します。

同社のプレスリリース（2021年6月18日）には、「本買収は、当社が本買収のために設立した米国における完全子会社 Cattleya Acquisition Corp.（デラウェア州／以下、買収子会社）とCAI社の合併による方法（逆三角合併）で実施いたします。」とあります。

図2-2　プレスリリース

三菱HCキャピタル株式会社

米国の大手海上コンテナリース企業 CAI社の買収に関するお知らせ

本買収の方法

本買収は、当社が本買収のために設立した米国における完全子会社Cattleya Acquisition Corp.(デラウェア州/以下、買収子会社)とCAI社の合併による方法(逆三角合併)で実施いたします。合併の効果として、CAI社の株式は下記の合併対価が交付される権利に転換されて消滅、同時に買収子会社の株式が存続会社であるCAI社の普通株式に転換されることにより、CAI社が当社の完全子会社となります。なお、本買収の実行は、CAI社の株主総会において承認が得られること、関連する国において競争当局の認可等が得られること、その他合併契約に定める前提条件が満たされることを条件としております。

本買収においては、CAI社の普通株式を1株当たり56米ドル、シリーズA優先株式を1株当たり25米ドル、シリーズB優先株式を25米ドルでそれぞれ取得する予定です。なお、シリーズA優先株式およびシリーズB優先株式については、本買収実行日時点における未払い配当額も支払われる予定です。

図2-3　本件逆三角合併の概略図

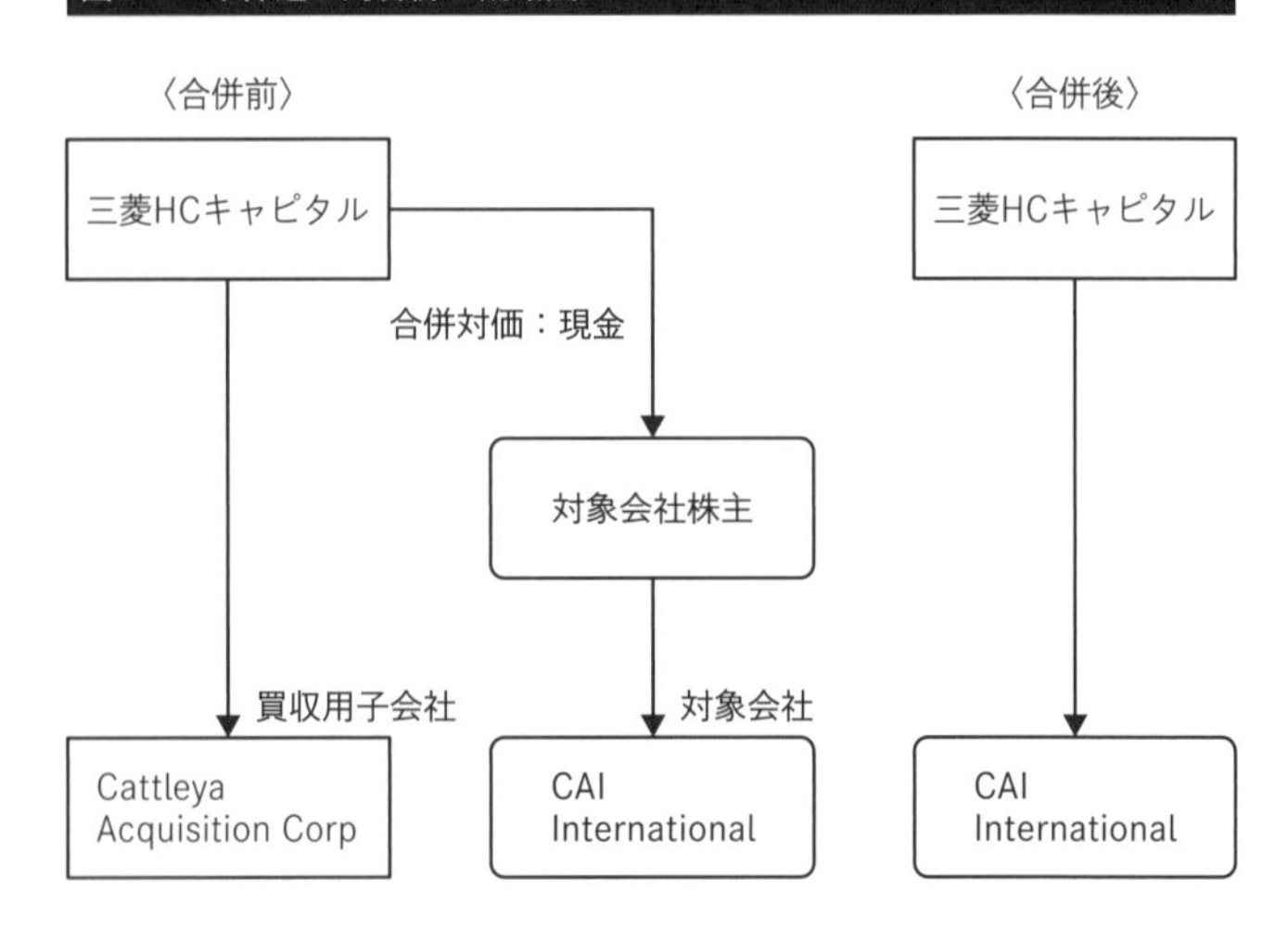

この買収方法のプレスリリースは図2－2にあげておきます。この逆三角合併の概略図は図2－3です。

塩野義製薬の海外ケース

欧米でニーズの高い新薬開発をすべく、海外での開発やノウハウがなかった塩野義製薬は、欧米の製薬会社とのジョイントベンチャーが必要でした。同社と外国企業で組織された外国法のパートナーシップが、クロスボーダー組織再編成の過程で、日本企業がその持ち分を外国法人に現物出資した際、この現物出資について、課税が繰延べられる「適格現物出資」にあたるかどうかが税務訴訟案件となりました。

取引概要は図2－4の通りです。現物出資とは、株式会社の設立、新株発行に当たって金銭以外の財産をもって出資に充てることをいいます。会社の一部の資産を現物出資して子会社を設立する場合もあります。

「適格現物出資」に該当すれば、現物出資の対象資産、例えば株式や土地建物などの不動産が簿価で譲渡されたものとされ、譲渡損益への課税が繰延べられます。

図2-4　JVの枠組み変更後のイメージ

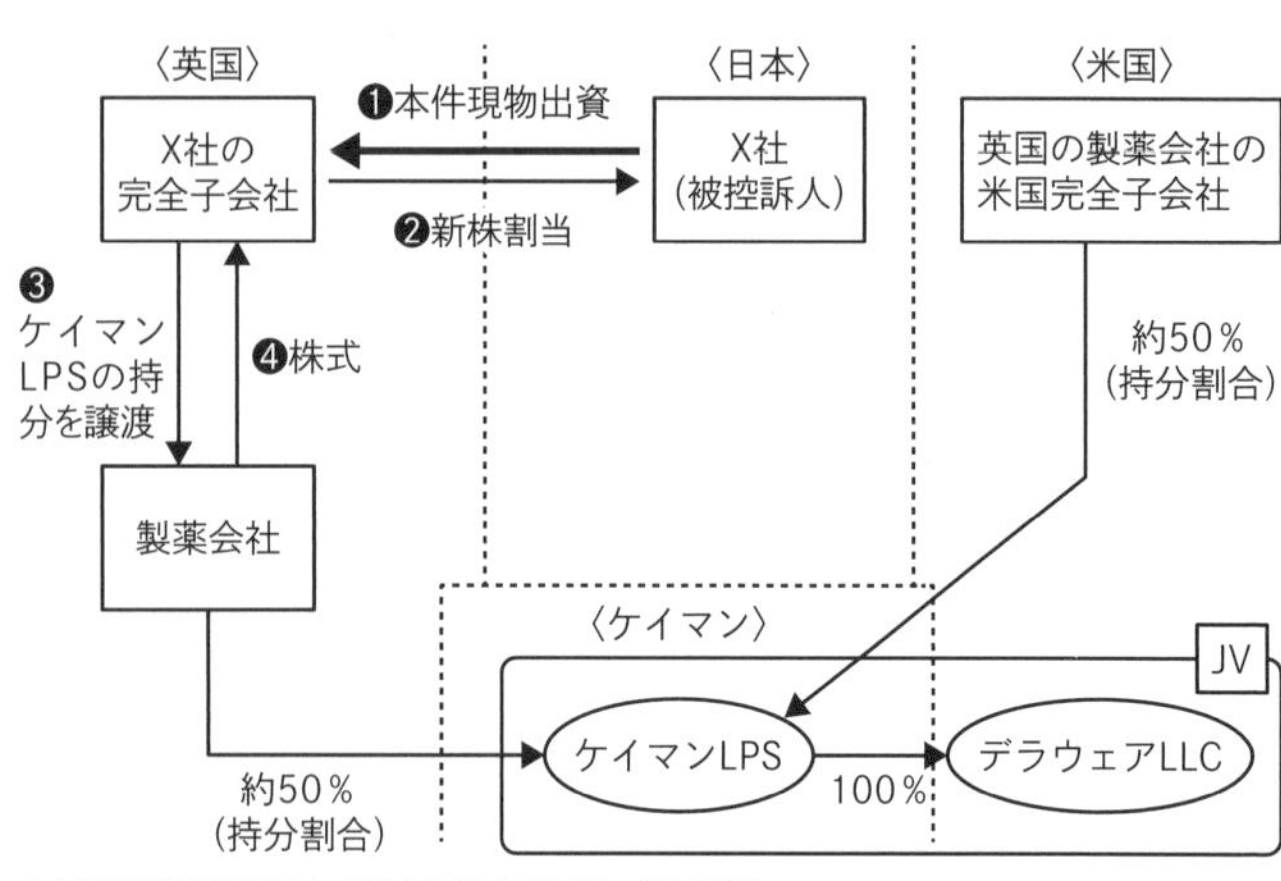

東京高等裁判所 2021年4月14日（令和2年（行コ）第89号）

さて、本件概要は以下となります（税務通信3652号2021年4月26日より引用）。X社は塩野義製薬です。

「東京高等裁判所は4月14日、大手製薬会社から英国の完全子会社に対して行われた現物出資が「適格現物出資」に該当するか否かを巡り争われた事件について、一審で敗訴していた国の控訴を棄却した。

本件で問題となったのは、大手製薬会社X社（被控訴人）が英国の完全子会社に対して行った、英国領ケイマン諸島のLPS（ケイマンLPS）の〝持分〟の現物出資である。

X社は平成13年、医薬品用化合物の共同開発等を行うためにに締結したジョイントベンチャー（ＪＶ）契約に基づき、ケイマンの特例有限責任パートナーシップ法（ＥＬＰＳ法）によるケイマンＬＰＳを設立した。医薬品化合物の開発等は、ケイマンＬＰＳが設立した米国デラウェアＬＬＣが行っていた。

Ｘ社は、ケイマンＬＰＳの持分の約50％を保有していたが、平成24年、ＪＶの枠組み変更に伴い、英国の完全子会社に対して、ケイマンＬＰＳの持分の全部を現物出資（本件現物出資）した。」

争点は、本件現物出資が「適格現物出資」に該当するかでした。理由は、一定の適格要件を満たす場合でも、外国法人に「国内にある事業所に属する資産等（国内資産等）」の移転を行うものである場合には、「適格現物出資」に該当しないとされているためです。国内資産等の該当性は、その資産の経常的な管理がどの事業所で行われていたか等で判定することになっていて、ケイマンＬＰＳの持分の実質は、「事業用財産の共有持分」であり、「事業用財産の共有持分」は、国外の事業所で経常的に管理されていたため、国内資産等には当たらないと高裁は判断しました。

ちなみに、ＬＰＳ（Limited Partnership）の性格について日本の判例では、米国デラウェア州のLPSは法人、ケイマンLPSはパートナーシップ、というようになっています。

ソフトバンクの海外M&Aスキーム

ソフトバンクグループ（SBG）は2016年9月、英国の半導体設計大手を傘下にもつARMホールディングス（ARMHD）の全株式を3・3兆円（当時の為替レート）で買収しました。ARMHD自体は持株会社なので、その企業価値の大半は子会社のアーム・リミテッドにありました。

ARMHDは2018年3月23日、SBGにアーム・リミテッド株の75％（2・6兆円）を現物配当し、同日、SBGがARMHD株の78％を傘下のソフトバンク・ビジョン・ファンド（SVF）などに譲渡しました。配当を出し、価値が落ちたARMHD株を譲渡したため2兆円の損が生じました（日経新聞2019年8月3日、図2－5）。

SBGは2018年3月期の税務申告で、SVFへの一部移管に伴うARMHD株の取得原価と時価評価額との差額分などで、2兆円超の税務上の欠損金が発生したとしていま

図2-5　SBGの買収スキーム

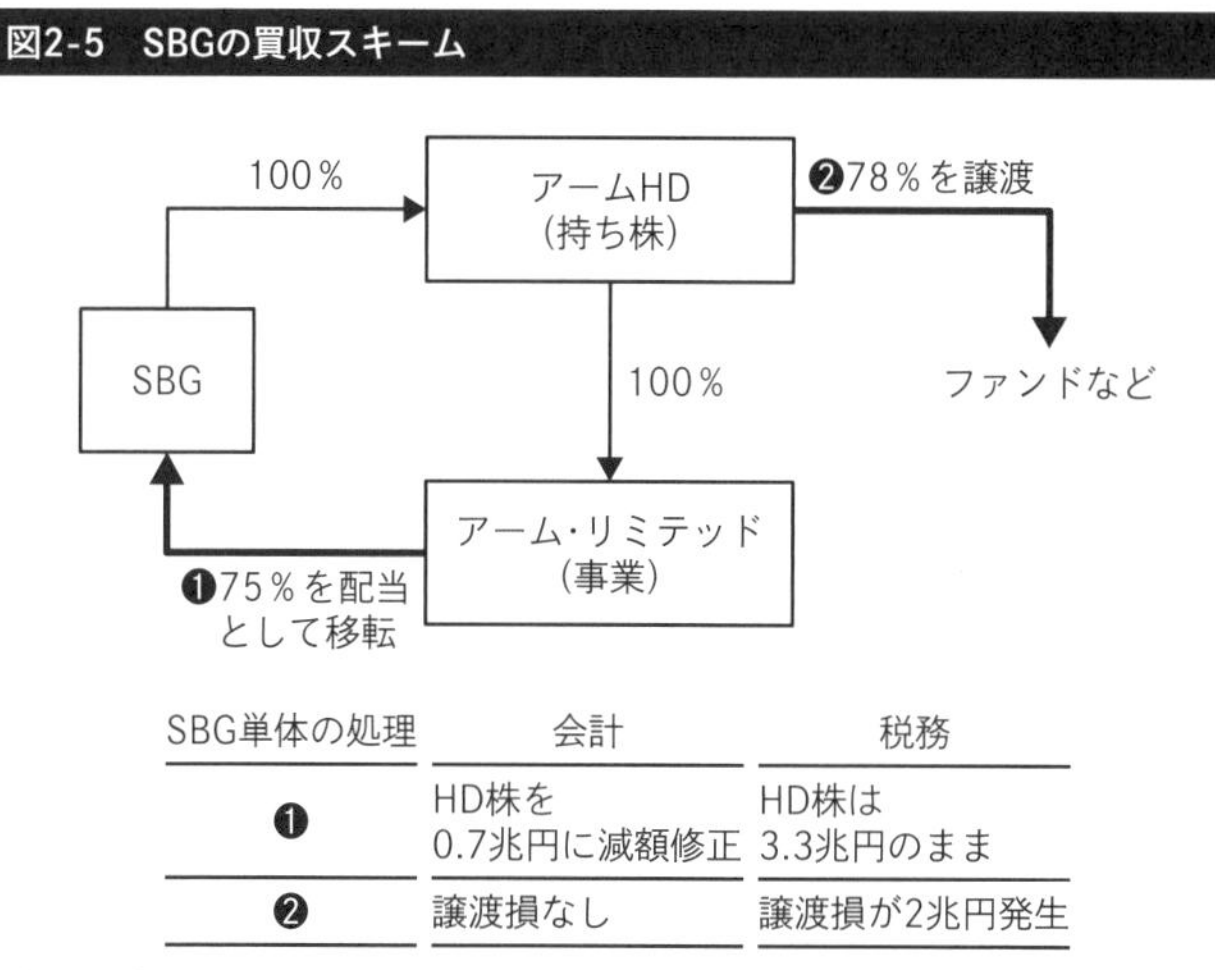

SBG単体の処理	会計	税務
❶	HD株を 0.7兆円に減額修正	HD株は 3.3兆円のまま
❷	譲渡損なし	譲渡損が2兆円発生

出典　日経新聞2019年8月3日

した。東京国税局はこのうち約4000億円について18年3月期には計上できないと指摘し、SBGも修正申告に応じました（日経新聞2019年6月20、21日）。

SBGのこのスキームのポイントは、「外国子会社配当益金不算入制度」と子会社株式の譲渡損失の創出です。前者は、外国子会社からの配当の95％を非課税（益金不算入）とするもので、株式などの現物配当も認められています。

後者は、巨額の配当で価値が下落した株式の譲渡価格の算定の問題です。ARMHD株式はSVFに現物出資によって移管されています。この場合の現物出資は非適格現物出資となって、税務上は時価での譲渡になります。一方、売却原価となるＡＲＭＨＤ株式の簿価は16年買収当時の取得原価となっていたようで、当然、巨額の譲渡損失が発生します。

この両者により、外国子会社配当はほぼ非課税、その上で譲渡損失により欠損金が作り出され、翌年度以降、10年間にわたって繰り越せます。ただし、大企業の場合は、その期に使える繰越欠損金は課税所得の50％までです。

ソフトバンク対抗措置税制改正

ソフトバンクのスキームについては、２０２０年の税制改正で対抗措置がとられました。買収した特定関係子会社（配当決議日に50％超所有の子会社）となる法人から、特定関係子会社株式の簿価の10％相当額を超える配当を年間で受けた場合には、その配当の益金不算入相当額だけ、簿価が切り下げられることになりました。従って、会計上の簿価が取得した当時の時価のままであっても、税務上の簿価が下がるため売っても譲渡損失が出ないわけです。ただし、買収してから10年経過後の配当と年間２０００万円以下の配当には適用されません。

ちなみに、税制改正によって使えなくなったスキームに、日本ＩＢＭと米国ＩＢＭ間の自社株売買が、利益圧縮にあたるかどうか争点になった裁判がありました。日本の国内税務の自社株式売買により発生する税務上の損失と連結納税による赤字と黒字の相殺によって法人税納税額を１２００億円圧縮した行為が、合法的な節税か不当な租税回避なのかが争われたものです。最高裁は２０１６年、国側の上告を退けＩＢＭの勝訴確定となり、１２００億円の課税が取り消されましたが、２０１０年の税制改正でこのスキームは使えなくなりました。

M&A後の東京エレクトロンは本社を低税率国オランダへ

本件は、結果として２０１５年４月27日に両社が統合解消を発表し破談となりましたが、日本企業の国際的経営統合の事例として参考になるので取り上げます。

２０１３年９月24日、半導体製造装置で世界第４位だった東京エレクトロンは、同世界１位の米アプライド・マテリアルズと経営統合して、統合後の持株会社をオランダに置くことを発表しました。

図2-6　エタリス(旧東京エレクトロン)のスキーム図

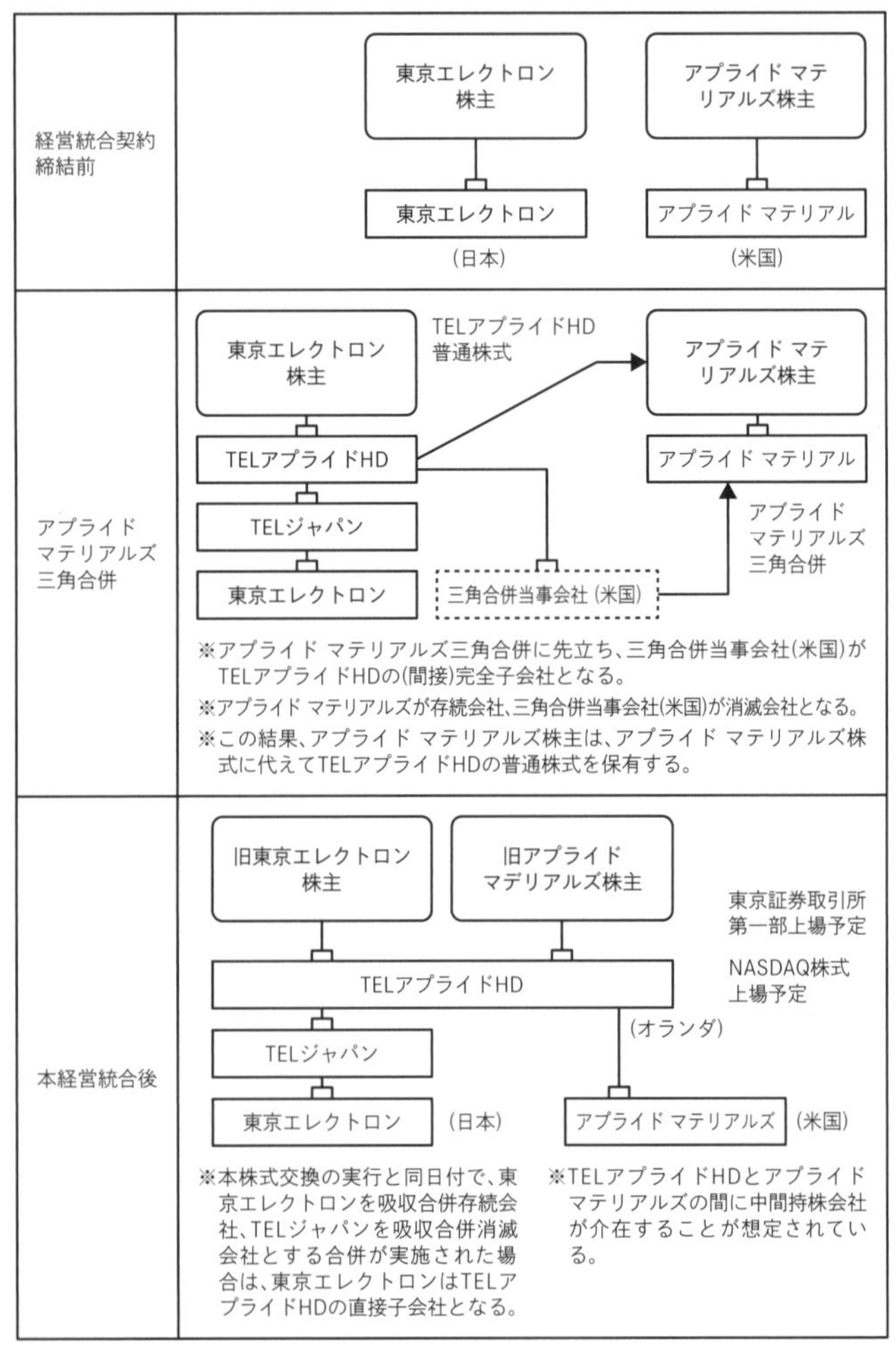

出所　TELアプライドHD有価証券届出書

1年後の2014年7月8日の発表では、新会社名を「エタリス」とし、経営統合は同年後半に完了の見込み、経営統合後の売上は1兆3000億円、世界最大となります。統合持株会社の株式は、米ナスダックでの上場に加え、東京証券市場においても「外国株式」として上場される予定でした。

さて、エタリス（旧東京エレクトロン）のスキーム図（図2-6）には、日本、米国そしてオランダの3社が載っています。少々複雑ですが、まずTEL B.V.（東京エレクトロンが資本金1ユーロ（当時レート139円でオランダに設立）と、その下に作った受け皿会社のTELジャパン、そして東京エレクトロンが三角合併します。東京エレクトロンの株主は合併会社の株式ではなく、オランダ持株会社の株式を、東京エレクトロン1株につき3.25株の割合で受け取ることになります。

三角合併とは、例えばA社がT社を合併するときに、T社株主に対してA社株式ではなく、A社の親会社であるP社の株式を交付する場合をいいます（図2-7）。日本では2007年5月から認められ、これにより親会社株式を対価とする三角型の組織再編について一定の条件を満たせば、課税の繰り延べが認められました。

オランダ持株会社は米国にも受け皿会社を設立します。その受け皿会社とアプライドが

図2-7　三角合併の関係図

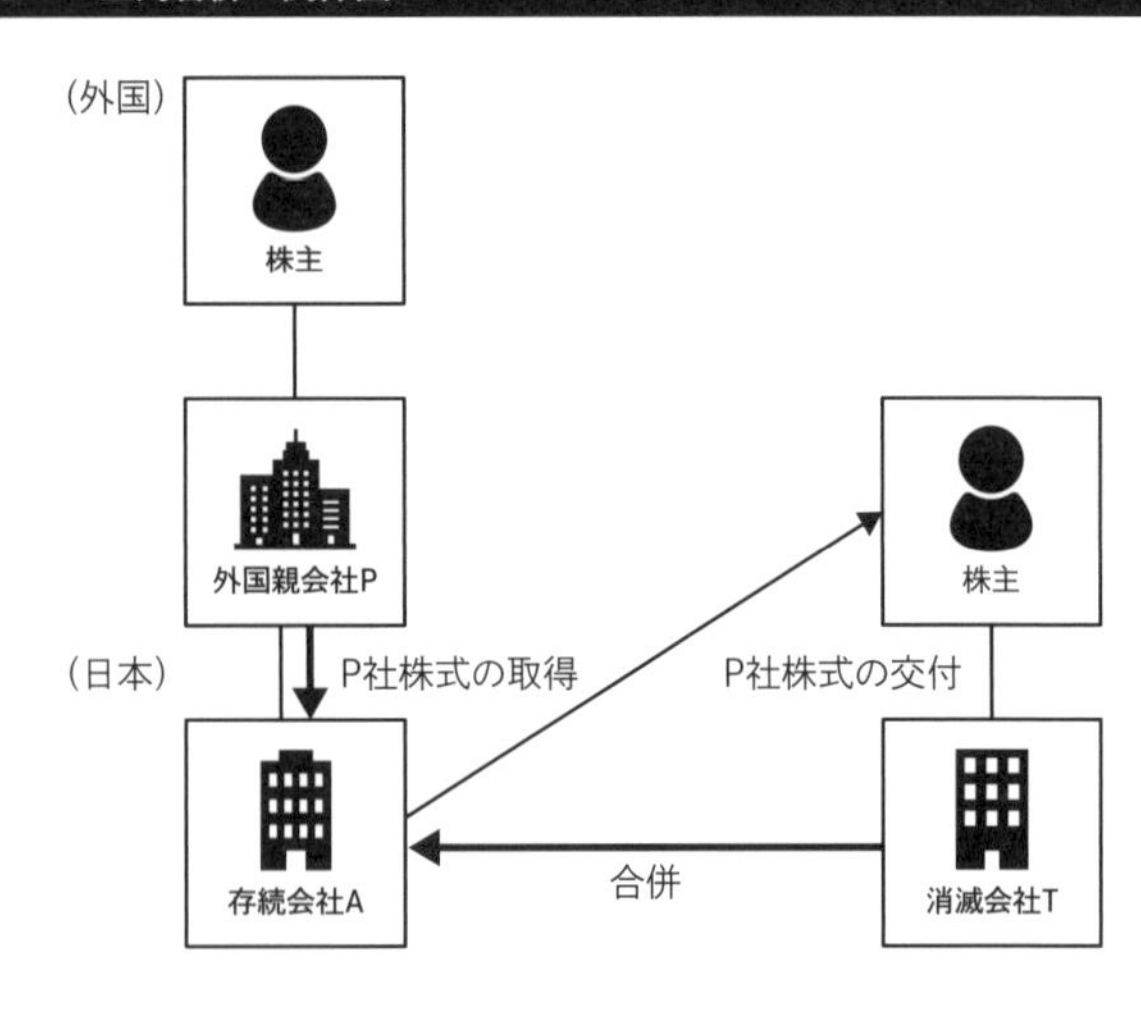

合併し、アプライドの株主は、アプライド株1株につき持株会社の株式1株を受け取ります。

米国でも三角合併が行われましたが、これは逆三角合併といわれるもので、先ほど説明した三角合併での「A社がT社を合併するとき」のスキームとは逆になります。A社の側がT社に合併され、T社株主に対してはA社株式ではなく、A社の親会社であるP社の株式が交付されます。しかし、日本の会社法ではこの逆三角合併を認めていません。日本で逆三角合併を行った場合は課税対象となってしまいます。

日本企業の税負担率の実例

グローバル経済下での日本企業の納税事情

ここからは、日本企業の税負担率の実例をみていきましょう。税負担率というのは、会計上の利益に対する税金負担率です。ややこしい話ですが、会計と税務では収益・費用の計算方法が違うため、税務上の所得に対する法人税率とは異なります。さらに税効果会計による「調整後法人税額」を税引き前利益で割って税負担率を計算する方法もあります。いずれにしても法人税の法定実効税率とは違います。

少し古い年度ですが図2－8は、日本の主な企業の税負担率です。大別すると電気、自動車、製薬、化学、商社になります。会社の規模別でみると大企業の税負担率は低い傾向があります。利益500億円以上の会社の税負担率の中央値は27・8％となっています。

図2-8　主な企業の税負担率（2019年3月期）

税負担率	企業
80.4％	国際石油開発帝石
36.1％	日立製作所
33.7％	NTTドコモ
32.7％	味の素
31.4％	上場企業の中央値
31.0％	ホンダ
約30％	日本の実効税率
28.9％	トヨタ自動車
27.8％	利益500億円以上企業の中央値
27.3％	**パナソニック**
25.8％	ファナック
24.8％	三菱電機
24.4％	信越化学工業
24.2％	三菱商事
22.6％	村田製作所
21.5％	デンソー
18.9％	JFEホールディングス
17.2％	丸紅
16.4％	住友商事
15.6％	HOYA
14.9％	ミネベアミツミ
14.0％	ソフトバンクグループ
13.9％	アドバンテスト
13.2％	三菱ガス化学
10.7％	アステラス製薬
4.5％	ソニー
2.9％	シャープ

出典　日経新聞2019年８月24日

これは、大企業ほど法人税率の低い国の子会社でビジネスを展開していることも理由のひとつです。

日立とソニーの税負担比率の差は、ソニーにはテレビとスマートフォン事業が不振だった時代の税務上の繰越欠損金が4000億円超あったためです。税務上の繰越欠損金は、発生年度にもよりますが現在では10年間繰越ができ、翌期以降の税務上の利益と相殺可能です。ただし、大企業の場合は繰越欠損金の利用額は所得の50%に制限されます。中小企業（資本金1億円以下）は100%控除できます。

トヨタ、ホンダはそれぞれ28・9%、31・0%です。トヨタは2008年のリーマンショック以来、巨額の税務上の繰越欠損金があって、法人税等を納めていませんでしたが、2014年の3月期から納税を再開し、28・9%となっています。

製薬には試験研究費に関する優遇税制があり、勿論この優遇税制は他業種も使え、研究開発税制は、研究開発を行う企業（中小企業なども使えます）が、法人税額（国税）から、試験研究費の一定割合（2〜14%）を控除できる制度です。控除できる金額は、原則として、法人税額の25%が上限です。研究開発税制の活用状況は、経産省の資料では2020

図2-9　利益が出ていても法人税負担が少ない会社ランキング（上位150位から抜粋）

順位	社名	調整後法人税額3年合計（百万円）	税引前当期純利益3年合計（百万円）	当期純利益3年合計（百万円）	調整後税負担率（%）
1	ソフトバンクグループ	▲823,603	2,788,458	3,876,484	▲29.5%
15	武田薬品工業	44,212	455,447	410,952	9.7%
20	三菱ガス化学	24,249	203,535	163,489	11.9%
24	ミネベアミツミ	29,021	191,024	160,670	15.1%
25	アドバンテスト	16,218	105,515	89,297	15.3%
28	ソニー	320,926	1,962,316	1,480,354	16.3%
30	住友商事	170,511	1,029,413	799,933	16.5%
32	丸紅	132,449	744,094	597,500	17.8%
40	HOYA	71,553	379,700	308,337	18.8%
41	アステラス製薬	143,205	748,849	605,645	19.1%
48	村田製作所	126,448	635,535	509,076	19.8%
89	デンソー	269,844	1,166,792	832,704	23.1%
93	三菱商事	529,701	2,265,975	1,591,203	23.3%
97	信越化学工業	235,397	997,752	751,272	23.5%
109	塩野義製薬	104,710	430,416	325,504	24.3%

（注）2016年4月期から2019年3月期の間で、有価証券報告書ベースの決算情報を3年開示した企業のうち、当期純利益が3年合計300億円となる会社を対象に調査。そのうち上位150社でランキングを作成

出所　東洋経済新報社『会社四季報』

年度で8668社、4945億円となってます。

本章の最初に取りあげた武田薬品の法人税負担率は、2016年4月期から2019年3月期の連結会計ベースでは、9・7%、また塩野義製薬は24・3%になっています（東洋経済オンライン2019年12月6日、「調整後法人税額」を3年合計税引前純利益3年合計で割った比率です。図2－9）。

ちなみに、この研究開発税制や賃上げ税制の政策減税による減税額は2020年度までの10年間の累計で17兆円規模のようです（日経新聞2022年1月9日）。法人税が減るので税負担率や実効税率も減少します。

製造業では、そのアジアの製造子会社など立地国の法定法人税率は20%台の前半ですので、グループ全体の税金負担率を大きく引き下げます。

一方、外国企業の税負担率（2018年から2020年までの3年平均値）との比較では、図2－10となります。

GAFAのアマゾン・ドットコムが13%、フェイスブックが16・3%、米国製薬大手のジョンソン・エンド・ジョンソンが12・9%です。

図2-10　外国企業の税負担率

企業名	国	税負担率(%)
アマゾン・ドット・コム	米国	13
フェイスブック	米国	16.3
ジョンソン・エンド・ジョンソン	米国	12.9
トヨタ自動車	日本	24.8
サムスン電子	韓国	27.9
シーメンス	ドイツ	24.7
ネスレ	スイス	23.8

(注)2018年～20年の３年平均で比較。各社が公表する財務データやQUICK・ファクトセットのデータをもとに算出した

出典　日経新聞2021年５月10日

ところで、こうした会計上の利益に対する税負担率では、実際の法人税支払額がわからないため、納税情報の透明化の世界的な流れを受け、欧州や豪州では納税情報の開示を求める法制の整備が進んでいます（日経新聞２０２２年１月21日）。

第１章で取りあげた新しい課税ルールの流れを受けたものですが、同記事によれば、花王が４１６億円、鹿島が３６４億円、セブン＆アイ・ホールディングが７９８億円、りそなホールディングスが１９５億円となっています。しかし、こうした企業の法人税申告書は非公表のため、法人税実効税率はわかりません。

ちなみに、2005年までは、個人所得税のいわゆる「長者番付」が各税務署で公示され、企業も年間課税所得金額4000万円超の企業の公示がありましたが、「長者番付」の廃止とともに企業の公示も廃止されています。

第3章

日本の税金は高いのか？
世界と日本との税制の比較

日本の税制　世界との比較

日本の法人税率の順位

第2章の後半で、日本企業についての税負担率の実例をみましたが、ここでは外国と比較してみましょう。

現在の日本の法人税率は世界と比べてどの辺りに位置するのでしょうか？　図３－１は２０２１年度の法人基本税率の高い国の番付ですが、日本を含めたＯＥＣＤ諸国など圏外になっています。ちなみに、コモロ（コモロ連合）はアフリカ、マダガスカル島の上に位置する島国、国の面積は東京都より少し大きく人口約87万人です。

図３－２はＯＥＣＤ諸国の税率です。日本の税率として記載された29・74％は、法定基本税率23・2％に地方税率の7・35％が加算され、法人実効税率になります。資本金１億円

図3-1　世界で最も高い法定法人税率トップ20（2021年）

国名	地域・大陸	税率
コモロ	アフリカ	50％
プエルトリコ	中南米	37.5％
スリナム	南米	36％
アルゼンチン	南米	35％
チャド	アフリカ	35％
キューバ	中南米	35％
赤道ギニア	アフリカ	35％
ギニア	アフリカ	35％
マルタ	ヨーロッパ	35％
サン・マルタン	中南米	35％
シント・マールテン	中南米	35％
スーダン	アフリカ	35％
ザンビア	アフリカ	35％
アメリカ領サモア	オセアニア	34％
ブラジル	南米	34％
ベネズエラ	南米	34％
カメルーン	アフリカ	33％
セントクリストファー・ネービス	中南米	33％
セーシェル	アフリカ	33％
バングラデシュ	アジア	32.5％

出所　TAX FOUNDATION

超の外形標準課税の対象となる会社の税率です。法人の利益（所得）にかかわる事業税は損金（経費）になりますから、簡単な計算式では、（法定）実効税率＝法人税率／（1＋事業税率）となります。

図3-2　法定法人税率（2022年）

国名	総合法人所得税率
オーストラリア	30%
ドイツ	29.83%
イタリア	27.81%
日本	29.74%
メキシコ	30%
ポルトガル	31.5%

出所　OECD

地域ごとの法人基本税率平均値をみると、アジアは19・62％、ヨーロッパは19・84％、EU加盟国は21・3％、北米は26・37％、OECD加盟国は23・04％です。全世界の平均を計算すると23・54％となっています（図3－3）。

日本の法人税の基本税率は、1999年に30％となり、2018年以降は23・2％となっています。この法人基本税率は、こ

図3-3　地域またはグループ別の平均法人税率

地域かグループ	平均レート	GDPで加重した平均レート	対象国の数
アフリカ	27.97％	27.69％	50
アジア	19.62％	24.92％	47
ヨーロッパ	19.84％	23.97％	39
北米	26.37％	26.09％	24
オセアニア	23.75％	29.71％	8
南米	26.63％	31.03％	12
G7	26.69％	26.41％	7
OECD	23.04％	25.81％	38
BRICS	27.4％	26.07％	5
EU27	21.3％	25.79％	27
G20	26.75％	26.31％	19
世界	23.54％	25.44％	180

出所　TAX FOUNDATION

れまでに、35％→40％強→37・5％→34・5％→30％→25・5％→23・2％と推移しています。実効税率の29・74％は資本金1億円超の法人です。中小法人（資本金1億円以下）の実効税率は約33・6％です。ＯＥＣＤ諸国やＥＵに比べて日本の中小の法人実効税率は高いものとなってしまっています。

現時点において、世界の主要国と比較してみましょう。イギリスが25％。フランスは約28・4％です。ドイツの法人税率は２０００年には約51・6％であったものが、２００８年の38・65％から29・83％まで引き下げられ、さらに２０２２年には29・9％へとなっています。このドイツの法人税率は日本と同様で、連邦税、州税、市町村民税を合算しての税率です。

米国は、日本の地方税にあたる各州の税率が0〜12％と大きく異なり、簡単に計算することは困難ですが、法定税率25・81％とされていますから、日本よりも低率であることがわかります。

アジア諸国と比較してみると、マレーシアが24％、ベトナムが20％、中国が25％、シンガポールが17％、台湾が20％、インドネシアが25％、インドが30％、韓国が27・5％という具合です。何かにつけて税金の高いインドを例外とすれば、日本はやはり主要アジア国で一番高い税率となっています。ここに取り上げた諸国には、日本の法人地方税に当たるものが原則ないのがその主な理由です。

日本は法人税は高いが、間接税はそれほどでもない

ここまで検証してきたデータからみて、日本は税金の高い国であるという事実は間違いないのでしょうか？　その点に関してはより実証的な考察が必要となります。

日本の法人税および間接税の特徴は、G7国でも法人実効税率が高いほうですが、消費税・付加価値税などの間接税に関しては世界の平均19・3％に比べ半分以下に留まっているという点です。現在の10％平均に比べれば低いものです。

OECDのデータによれば、日本の消費税、ヨーロッパのVAT（付加価値税）に当たる間接税の高い国、低い国のベストテンは以下となっています（図3－4）。

間接税については、イギリスは20％ですが、食料品、新聞、雑誌、書籍、国内旅客運送、医薬品、居住用建物の建築などは非課税、ドイツは19％となっていて非課税対象はありま

せん。ただし、食料品、新聞、雑誌、書籍、国内旅客運賃等については7％の軽減税率が適用されています。ちなみに、オーストラリアの間接税率は10％ですが、こちらも食料品、医薬品などは非課税です。これらの例は現状で同一税率を採用している日本とは単純比較できませんが、日本でも消費税率が10％になった時点で8％の軽減税率が導入されました。

図3-4　世界各国の間接税(2021年)

国	税率(%)
オーストラリア	10
オーストリア	20
ベルギー	21
カナダ	5
チリ	19
コロンビア	19
チェコ共和国	21
デンマーク	25
エストニア	20
フィンランド	24
フランス	20
ドイツ	19
ギリシャ	24
ハンガリー	27
アイスランド	24
アイルランド	23
イスラエル	17
イタリア	22
日本	10
韓国	10
ラトビア	21
リトアニア	21
ルクセンブルク	17
メキシコ	16
オランダ	21
ニュージーランド	15
ノルウェー	25

国	税率(%)
ポーランド	23
ポルトガル	23
スロバキア共和国	20
スロベニア	22
スペイン	21
スウェーデン	25
スイス	7.7
トルコ	18
イギリス	20
世界平均	19.3

出所　OECD

日本の国際税務概要

海外子会社も徴税対象になるタックス・ヘイブン対策税制

前章でみたように、タックスプランニングを意識して海外へ進出する日本企業が増加しています。ただし、実際に税負担の低い国への事業進出にあたっては、注意しなければならない税法が存在します。それがタックス・ヘイブン対策税制です。この税制には２０１7年に大改正があって非常に複雑になりましたが、その詳細は第6章で説明します。ここでは覚えておくべき税率や税金のかかり方などのポイントのみにします。

タックス・ヘイブン対策税制が適用されるのは、海外子会社などがある国・地域の税負担率が20％未満であり、その子会社株式の50％超が日本の居住者および内国法人（日本で登記された会社）によって直接・間接に保有され、かつ日本の居住者や内国法人の株式保有割合が10％以上の場合です。

海外子会社などがある国の税負担率が30％（2024年4月1日以降開始事業年度からは27％）以上であれば、適用はありません。

タックス・ヘイブン対策税制が適用されると、海外子会社が得た所得が、本国の個人株主、親会社の所得と合算されて、日本の税率に基づいた課税が実施されることになります。株主が個人である場合には、確定申告に際して留保利益分を雑所得として申告しなければなりません。

具体的に対策税制が適用となる税負担率が20％未満の国や地域をみてみましょう。バハマやケイマン諸島のタックス・ヘイブンはもとより、香港16・5％、シンガポール17％、台湾17％、アイルランド12・5％などが対象国になります。

海外関連会社との取引が課税されてしまう移転価格税制

日本企業などが海外子会社などと取引をする際には、他に注意すべき税制があります。それが移転価格税制です。20％未満の低法人税率国の子会社取引に限られません。

この移転価格税制は、タックス・ヘイブン対策税制とは異なって、法人だけに適用され個人には関係ありません。「移転価格」が親子会社・兄弟会社などの会社グループ内の製品・原材料やサービスの取引価格を示すものだからです。つまり、会社グループ内の取引価格操作によって、海外関連会社との間で所得を移転することに対して、日本で税金をかけようとする税制なのです。

例えば日本の親会社が外国の子会社に、相場より安い価格で製品・原材料などを販売すれば、日本の親会社の利益が減り、結果として納税額は低く抑えられて日本の税収は低下します。しかしこの場合には、外国の子会社は安い価格で仕入れたものを通常の価格で販売することになります。その結果、利益が多くなり外国政府の税収は増加します。これを修正しようとするのが移転価格税制です。

単純に考えれば、国家同士で税金を奪い合うことにあたります。日本を中心に考えれば、外国で事業活動をする会社の利益が移転価格によってカサ上げされている場合に、本来なら日本で課税すべき所得が海外に移転したとみなして、税金を計算し直す制度と考えられます。その際には、会社グループ内の取引について、本来、資本関係のない独立した会社間の取引価格で行われたとみなして税金の対象となる所得を計算することになります。

法人に加え、富裕層に厳しい日本の課税

厳しい徴税が課せられるのは法人だけではありません。次に個人の税金、所得税と相続贈与税について考えてみましょう。

まずは所得税からです。ＯＥＣＤの２０２０データベースによれば、法定所得税率（最高税率）の高い主要な国は図３－５のようになっています。

この図３－５を見てもわかるように、日本の最高税率は55・９％とされています。この数字は所得税45％と住民税10％との合計ですが、世界的にみても非常に高い分類に入っています。実際、主要国で日本と同じくらいの最高税率を定めているのは、デンマーク、オーストリア、フランス、カナダなどです。

財務省の「税収に関する資料」の日本の令和4年度収入概算によれば、所得税の収入は20・３兆円です。最高額は平成3年の26・7兆円で、ここ数年は大体20兆円になっています。

アジアに関しての状況は、図３－５にある韓国の46・２％、表にはないのですがインドが42・74％、中国45％、マレーシアは30％、フィリピンは35％、台湾は40％、タイは35％

図3-5　法定所得税率（最高税率）の高い国（2020年）

国	最高税率（％）
オーストラリア	47
オーストリア	55
ベルギー	52.9
カナダ	53.5
チリ	35
コロンビア	33
チェコ共和国	15
デンマーク	55.9
エストニア	20
フィンランド	51.2
フランス	55.4
ドイツ	47.5
ギリシャ	54
ハンガリー	15
アイスランド	46.2
アイルランド	48
イスラエル	50
イタリア	47.2
日本	55.9
韓国	46.2
リトアニア	32
ラトビア	31.4
ルクセンブルク	45.8
メキシコ	35
オランダ	49.5
ニュージーランド	33
ノルウェー	38.2

国	最高税率（％）
ポーランド	32
ポルトガル	53
スロバキア共和国	25
スロベニア	50
スペイン	43.5
スウェーデン	52.3
スイス	41.7
トルコ	40.8
イギリス	45
アメリカ	43.7

出所　OECD

といった具合です。

反対に所得税率の低い国はどうかというと、所得税率が0％であるバハマ、バミューダ、ケイマン諸島、バーレーンはタックス・ヘイブンです。サウジアラビアはかつては0％でしたが、現在の最高税率は20％になっています。カタールは0％で、クウェートやブルネイも同様に0％です。

チェコ、ハンガリー、ルーマニアなどの東欧諸国では、相当以前から低率のフラット税率が導入されています。例えば、チェコは2007年までの32％を翌年に半分以下の15％に下げて現在15％と23％です。ハンガリーは2010年の32％を翌年チェコ同様、半分の16％に下げ、2022年現在は15％になっています。

世界でも最高レベルの高税率、日本の相続・贈与税

資産家やオーナー経営者にとって、非常に気になる税金に相続税があります。その対象となるのは、自社株式や金融資産、不動産などが代表となります。不動産を中心とした資産価値の下落は地域によっては路線価の上昇もみられますが、国家安全保障の観点、地政

学的なリスク、ストックとしての国民資産（国富）は30年間増えておらず、また円安などにより、日本に各種資産を置いたままで良いか否かは大きな悩みの種といって間違いありません。

日本の相続税はかつて世界の最高税率でした。その時点での税制では、対象資産20億円を超える場合は70％が税金として徴収され、20億円以下4億円超で60％、4億円以下でさえ50％という高税率だったのです。

さすがに2021年度現在の税制では、3億円を超えると50％、1億円超から3億円未満は40％、5000万円超から1億円以下は30％とはなっています。しかし基礎控除額は2015年1月1日以降の相続等について5000万円＋1000万円×相続人数から3000万円＋600万円×相続人数へと、縮小され課税強化されています。

ただ、贈与税については、直系卑属（20歳以上）への贈与に係る税率構造を緩和する特例があります（図3－6）。

図3-6

■相続税の速算表

法定相続分に応ずる取得金額	税率	控除額
1,000万円以下	10％	—
1,000万円超　3,000万円以下	15％	50万円
3,000万円超　5,000万円以下	20％	200万円
5,000万円超　1億円以下	30％	700万円
1億円超　2億円以下	40％	1,700万円
2億円超　3億円以下	45％	2,700万円
3億円超　6億円以下	50％	4,200万円
6億円超	55％	7,200万円

(基礎控除:3,000万円+600万円×法定相続人の数)

■贈与税の速算表(暦年課税)　※令4.3.31以前は20歳

基礎控除後の課税価格（万円）	直系尊属から18※以上へ		左記以外	
	税率	控除額	税率	控除額
200以下	10％	—	10％	—
200超　300以下	15％	10万円	15％	10万円
300超　400以下			20％	25万円
400超　600以下	20％	30万円	30％	65万円
600超　1,000以下	30％	90万円	40％	125万円
1,000超　1,500以下	40％	190万円	45％	175万円
1,500超　3,000以下	45％	265万円	50％	250万円
3,000超　4,500以下	50％	415万円	55％	400万円
4,500超	55％	640万円		

出典　令和４年度版『税制ハンドブック』(コントロール社)

海外諸国には相続・贈与税のない国もある

日本以外の相続・贈与税についてみると、海外にはそもそも相続税や贈与税がないという国もあります。それらについて簡単に図3－7にまとめました。もちろん完全に無税のタックス・ヘイブンには、相続税・贈与税は存在しません。以下、「○」は、相続・贈与税あり、「×」はないという意味です。

米国は、ブッシュ大統領時代の2010年に、1年限りですが相続税が廃止され、その後2011年度に復活し、2021年度現在は最高税率40％で1000万USドル（インフレーションインデックスにより1170万USドル）の控除が受けられるようになっています。贈与税も同じ控除額です。ですから殆どの米国市民には課税はありません。ただし、アメリカ市民などでない相続人等は6万ドルの控除額のみしか与えられません。

図3-7　諸外国の相続税と贈与税

	国名	相続税	贈与税
アジア	韓国	○	○
	タイ	×	×
	シンガポール	×	×
	香港	×	×
	マレーシア	×	×
	台湾	○	○
	中国	×	×
	インド	×	×
オセアニア	ニュージーランド※1	×	×
	オーストラリア※2	×	×
北米	アメリカ	○	○
	カナダ※2	×	×
中南米	ブラジル	○	○
	アルゼンチン	×	×
ヨーロッパ	ロシア	×	×
	スウェーデン	×	×
	ポルトガル	×	×
	オーストリア	×	×
	スイス※3	△	△

※1　所得税課税（被相続人への清算課税）
※2　相続・贈与時の遺産移転につきキャピタルゲイン課税がある
※3　連邦税はない。州・市町村税は非課税が多く、配偶者間、親子間は非課税

トラストの利用

米国の特徴は、相続税対策として「トラスト（信託）」が盛んに利用されているという点です。トラストは会社ではなく、財産を拠出する人（委託者）とその資産を受託管理する弁護士や信託会社（受託者）、そして、その信託に移された資産から生ずる利益を得る（受益者）との三者契約で成り立っています。ただし、税務上はトラストが納税義務者となります。

米国には「ダイナスティ・トラスト（Dynasty Trust）」として知られるトラストがあり、そのパイオニア的な州は、サウスダコタ州です。このダイナスティ・トラストを使うと永遠に相続税を回避できます。

他にも裁量信託（discretionary trust）、これは受託者の信託財産管理処分権に一定の裁量を認め、信託財産の内容、税制、法令の変更に応じて、結果として節税もできる資産運用ができる信託です。

相続・贈与税がないオーストラリアでも資産保全のためトラストが多く用いられています。家族裁量信託では、settler（＝委託者。弁護士や会計士が委託者を引受ける）の拠出額は名目的な10豪ドルや20豪ドルです。その金額で信託を開設し、投資用の拠出金は被相続人からのトラストへの贈与や貸付け形式が一般となります。貸付金の場合、トラストからみれば借入金ですが、債務免除を受けることが一般です。贈与税がないオーストラリアでは全く問題はありません。トラストの運用益が受益者に毎年分配され、所得税の課税があります。

近年の富裕層への課税強化

フランスのキャップジェミニの調べによると、金融資産を100万ドル以上保有する富裕層は前年から6％増えて2080万人に拡大しています。金融資産3000万ドル以上の層：ウルトラ・ハイ・ネットワースも10％増の20万人に達しています。

国別で富裕層が最も多いのは米国で、日本が続いています。野村総合研究所の調査では、日本の富裕層（純金融資産の保有額1億円以上と超富裕層（5億円以上）の世帯数は2019年時点で計132万世帯でした（日経新聞2022年1月3日）。

日本の超富裕層（5億円以上）の基準が世界水準3000万ドル以上に比べ、今の円ドルレートで9分の1ほど、随分と見劣りしますが、2014年以降の日本の富裕層への国際税務上の課税強化動向をまとめると図３－８のようになります。

国外財産調書制度は、２０１４年度の個人の確定申告からその提出が義務付けられました。その価額の合計額が５０００万円を超える国外財産を有する場合、その国外財産の種類、数量及び価額その他必要な事項を記載した国外財産調書を、その年の翌年の3月15日までに、住所地等の所轄税務署長に提出しなければなりません。２０２０年度末時点では1万１０００件ほど提出され、総額は約４兆１４６５億円でした。

２０１５年の「出国税」の概要は、日本の居住者が1億円以上の有価証券や未決済の信用取引などの対象資産を所有等（所有又は契約の締結）している場合に、対象資産の譲渡または決済があったものとみなして、対象資産の含み益に対して所得税等が課税される制度です。また、1億円以上の対象資産を所有する一定の居住者から、国外居住親族等へ相続・贈与でその対象資産の移転があった場合にも所得税等の課税があります。国外転出前の10年以内に5年超日本国内に居住していた人が対象です。

２０１６年創設の財産債務調書も２０２２年度の税制改正により、いままでの２０００万円超の所得基準がなくなり、総資産が10億円以上であれば提出が義務付けられることになっています。

図3-8　国税から狙われる富裕層－主な国際税務の動向－

2014	「国外財産調書制度」創設 海外に時価5000万円超の財産を保有する個人に対し、調書提出を義務づけ
2015	「国外転出時課税制度(出国税)」スタート 海外に転出する富裕層を対象に、資産の含み益に対して所得税を課税。また、海外に住む人に対する相続や贈与の場合も同様
2016	「財産債務調書制度」創設 その年の所得が2000万円超かつ、その年の年末の財産が3億円以上または有価証券などの金額が1億円以上の場合、財産や債務の中身や金額の調書提出を義務づけ
2017	相続税法上の「海外居住要件」を5年超から10年超に延長 相続人、被相続人双方の海外居住期間が5年超である場合、相続税と贈与税は国内にある財産のみへの課税とされていたが、その期間を10年超に延長
2018	CRS (共通報告基準) による「金融口座情報の自動的交換」開始 各国の税務当局が、非居住者の金融口座情報を自動的に交換する制度。日本も2018年から年1回の交換をスタート
2021年度の所得税計算から適用	海外中古不動産投資を活用した節税手段の規制 不動産所得から生じた損失のうち、一定の要件を満たす海外中古建物の減価償却費相当額と他の所得との通算を禁止

出典　週刊ダイヤモンド2021/5/01/08合併号　週刊東洋経済 2021.1.9

２０１８年のＣＲＳ（Common Reporting Standard：共通報告基準）について、その金額基準は、２０１４年の国外財産調書提出基準が５０００万円超でしたので、それが取りあえずの目安ではありましたが、実際は、国外財産調書提出のある富裕層には、国税当局が外国税務当局を通して外国金融機関より個別情報を入手し、申告漏れがあれば少額であっても指摘はされているようです

直近の国税庁の２０２２年2月発表資料によれば、日本居住者のＣＲＳ情報約１９１万件を87カ国・地域から入手し、口座残高は12・6兆円となっています（図３－９）。なお、アメリカはＣＲＳの制度に参加せず、外国税務当局は原則、自国民の米国内金融口座情報を入手できません。カンボジアも同様で、かつ日本との租税条約も結んでいません。

２０２１年度以後、国外不動産所得の損失金額のうち国外中古建物の減価償却費の金額は無かったものとされ、給与所得等の損益通算はできません。米国などの中古不動産の資産価値に占める建物の価値は、州・地域により違いますが、およそ7～8割で、築22年以上の木造建物は日本税法の中古の耐用年数計算で4年償却となり、減価償却費が家賃収入を大きく上回り、その損失は給与所得などとの損益通算により節税効果が大でした。ただし、これは個人への規制で、法人所有の海外不動産は２０２３年現在では対象外です。

図3-9　自動的情報交換

国際的な脱税や租税回避行為に対処するため、CRS情報(CRS(Common Reporting Standard:共通報告基準)に基づく金融口座情報)やCbCR(Country by Country Report:国別報告書)情報等を定期的に交換

▶CRS 情報の交換
我が国にとって3回目となる令和2事務年度は、日本居住者に係るCRS情報約191万件(口座残高12.6兆円)を87か国・地域の外国税務当局から受領し、外国居住者に係るCRS情報約65万件(同6.8兆円)※1を70か国・地域の税務当局に提供しました。
※1政府系法人が有する外国為替資金等口座を除く。

▶CbCR情報の交換
外国に最終親会社がある2,186社分のCbCR情報を53か国・地域の外国税務当局から受領し、日本に最終親会社がある898社分のCbCR情報を57か国・地域の税務当局に提供しました。

▶法定調書情報の交換
法定調書により把握した非居住者等への支払についての情報約11万件を外国税務当局から受領した一方、約69万件を外国税務当局に提供しました。

２０２２年改正では、個人が所有する上場株式等について、同族会社（上位３株主が発行済み株式等の50％超を有する法人）である持株会社と合算して持株割合が３％以上だと、２０２３年10月１日以後の配当には総合課税しか適用できなくなりました。改正前の申告分離課税の選択による上場株式等の譲渡損益の通算や、申告不要が選択できなくなります。

さらに、２０２５年からは、超富裕層の最低課税制度が始まります。給与所得、雑所得や不動産譲渡所得などの合計所得金額に申告不要を選択した上場会社の配当やキャピタルゲインを加えた金額（「基準所得金額」）から３・３億円を引き、その22・５％の税額が、通常の所得税額を超えた場合に、追加税額が発生します。

第4章

日本の課税システムを理解する

個人の課税について

前章まで、日本企業、外国企業の租税負担率、企業のグローバルな事業展開、M&Aスキーム、国際課税の新ルールなどをみてきましたが、本章では企業や個人の事業・投資活動に大きな影響を与える税金の体系について考えてみます。

税金というのは政府、つまり国や公共団体が公的活動を行うために、強制的かつ一方的に徴収されるものです。このような性格を持つために、どの国でも歯止めとして「租税法律主義」をとっています。これは、法律によらなければ税金を徴収することはできないという考え方で、日本の憲法にきちんと規定されています。

現在の日本の税金の税目・内訳は図4－1の通りですが、政府は何を〝根拠〟に税金をかけているのでしょうか。

この問題を考えるには個人と法人とに分けて考える必要があります。さらに個人の場合でも所得税と相続税・贈与税などの資産税とに分けられますので、それぞれについて基本

図4-1　国税・地方税の税目・内訳

	国税	地方税		国税	地方税
所得課税	所得税 法人税 地方法人特別税	個人住民税 個人事業税 法人住民税 法人事業税 道府県民税利子割 道府県民税配当割 道府県民税株式等譲渡所得割	消費課税	消費税 酒税 たばこ税 たばこ特別税 揮発油税 地方揮発油税 石油ガス税 自動車重量税 航空機燃料税 石油石炭税 電源開発促進税 関税 とん税 特別とん税	地方消費税 地方たばこ税 軽油引取税 自動車取得税 ゴルフ場利用税 入湯税 自動車税 軽自動車税 鉱産税 狩猟税 鉱区税
資産課税等	相続税・贈与税 登録免許税 印紙税	不動産取得税 固定資産税 都市計画税 事業所税 特別土地保有税 等			

出所　財務省HP

的な論点を学びましょう。なお応用編は第7章にあります。

個人の所得税の課税根拠を知る

個人の所得税の場合、所得税法上「居住形態」で税金のかかり方が違います。簡単に言いますと、これは、

- 日本に住所があるかもしくは居所を持っているか
- 日本に何年間住んでいるか

という2点によって税金が変わってくるということです。そこでまず覚えていただ

きたいのが、日本に住む個人というのは税法上では「居住者」「非居住者」の2つに分類されるということ。そして「居住者」は「永住者」と「非永住者」に分類されます。

「住所」は、「個人の生活の本拠」をいい、「生活の本拠」かどうかは「客観的事実によって判定する」ことになります。「居所」は「その人の生活の本拠ではないが、その人が現実に居住している場所」とされています。ちなみに、「住所」は住民登録している場所とは限りません。

正確な規定の定義は図4－2の通りですが、「居住者」というのはイメージとしては、日本に1年以上住む人、および日本に1年以上住む予定で入ってくる外国人を意味します。

「居住者」は次の2つに分けられます。

「非永住者」は、日本の国籍がなく過去10年以内において日本に住んでいた期間が5年以下の人です。

「非永住者以外の居住者」は、日本に生まれ住む日本国籍のある人と、日本の国籍がなく過去10年以内において日本に住んでいた期間が5年以上の人です。

「非居住者」は、日本に1年未満の期間だけ住む人と外国に住む人です。

このように居住者、非居住者に分類されているのは、所得税、法人税の税法上の性格に

図4-2 納税義務者の区分

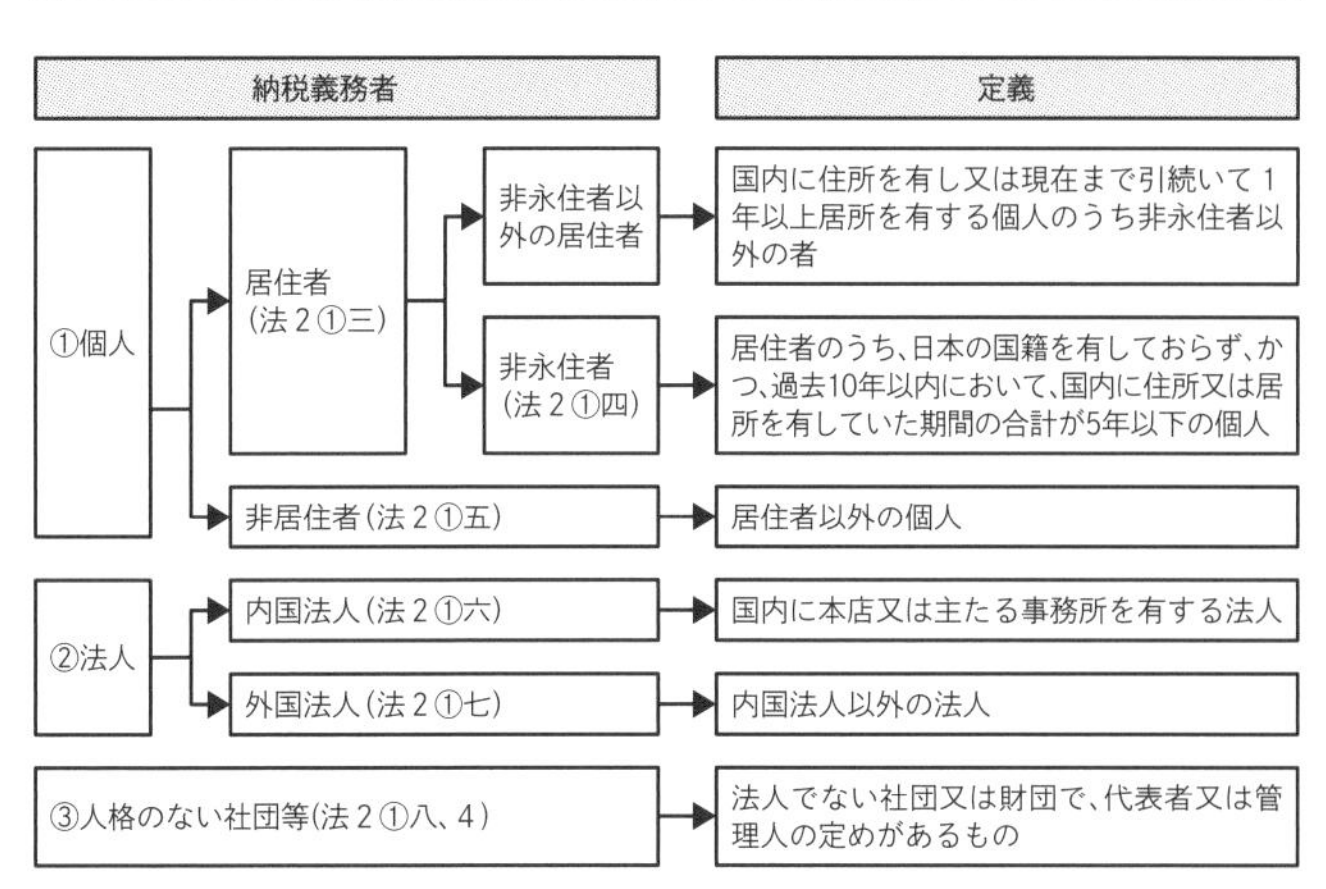

出典 『図解 所得税 令和3年版』(財)大蔵財務協会

由来しています。日本の税法では「人税」的な要素が強く、日本に住んで所得を得る個人や日本で登記している法人ならば、自国人はもとより、日本でビジネスをする外国人からも税金を徴収しようという考え方がそこにあるのです。もっとも、これは国際税務に規定されている「居住地国で課税する」という原則にそったものです。

では日本で税金をかけられた外国人、外国法人はどうなるかというと、原理的にはその本国でもその国の居住者として課税され、二重課税が生じることになってしまいます。ですから少なくとも日本では非居住者として、日本で得た所得に対してだけ課税されるような措置がとられています。世界中どこでもこういった措置が原則とられているのです（図４－３）。

ただし、外国人、外国法人も本国では居住者として扱われますから、日本で得た所得に対しても本国で課税されることになります。例えばアメリカの法人が日本でビジネスをした場合、日本からは日本で得た所得に対して課税され、そのうえアメリカでも日本で得た所得が課税の対象にされるのです。そうなると世界中で二重課税が生ずることになってしまうので、その調整を行うために「租税条約」がとり交わされ、個人、そして法人が不利にならないように調整されています。

つまり居住形態によって税金がかけられる所得の範囲が違ってくるのです。居住者のうち永住者は、日本国内で発生した所得も日本国外で発生した所得も合わせて、全世界で発生した所得について課税されます。ところが非永住者は、国内で発生した所得と国外で発生した所得のうち、日本で支払われた所得と海外から日本に送金された所得だけが課税されます。逆に非永住者であれば、国外に不動産を持っているような場合、海外でその不動産所得が発生し、しかもその所得が日本に送金されなければ、課税はありません。ただし、外国から現金や小切手を持ち込んだときは送金となり、課税されます。

図4-3　外国人の国内居住確認スキーム

個人

住所を有するか(法2①三、令14、15、基通2-1、3-1〜3)

No → 現在まで1年以上居所を有するか(法2①三、基通2-4)

Yes

No → 我が国の国家公務員または地方公務員か(法3①)

Yes

国籍は日本か(法2①四)

Yes → 非永住者以外の居住者

No → 過去10年以内の間、住所又は居所を有していた期間の合計が5年以下か(法2①四、基通2-4の2、2-4の3)

Yes → 非永住者

No → 非永住者以外の居住者

（我が国の国家公務員または地方公務員か）Yes → 国籍は日本か(法3①)

No → 非居住者

Yes → 国外に居住し、かつ、その他に永住すると認められるか(令13)

Yes → 非居住者

No → 非永住者以外の居住者

（我が国の国家公務員または地方公務員か）No → 非居住者

非永住者　非永住者以外の居住者　非居住者

居住者（非永住者・非永住者以外の居住者）

出典　『図解 所得税 令和3年版』(財)大蔵財務協会

図4-4 非居住者に対する課税関係の概要

非居住者の区分（法164①） 所得の種類（法161）	国内に恒久的施設を有する者		国内に恒久的施設を有しない者	源泉徴収
	支店その他事業を行う一定の場所を有する者 （法164①一）	1年を超える建設作業等を行い又は一定の要件を備える代理人等を有する者 （法164①二、三）	（法164①四）	（法212①、213①）
事業の所得（法161一）	【総合課税】		【非課税】	無
資産の所得（〃一）			【総合課税】	無
その他の国内源泉所得（〃一）	（法164①一）	（法164①二、三）	（法164①四）	無
組合契約事業利益の配分（〃一の二）	【源泉徴収の上総合課税】		【非課税】	20%
土地等の譲渡対価（〃一の三）			【源泉徴収の上総合課税】	10%
人的役務の提供事業の対価（〃二）	（法164①一）	（法164①二、三）	（法164①四）	20%
不動産の賃貸料等（〃三）				20%
利子等（〃四）	【源泉徴収の上総合課税】	【源泉徴収の上総合課税】（国内事業に帰せられるもの） 【源泉分離課税】（国内事業に帰せられないもの）	【源泉分離課税】	15%
配当等（〃五）				20%
貸付金利子（〃六）				20%
使用料等（〃七）				20%
給与その他人的役務提供に対する報酬等（〃八）				20%
事業の広告宣伝のための賞金（〃九）				20%
生命保険契約に基づく年金等（〃十）				20%
定期積金の給付補てん金等（〃十一）				15%
匿名組合契約等に基づく利益の分配（〃十二）	（法164②一）	（法164①二、三） （法164②一）	（法164②二）	20%

こういった税法上の規定を踏まえた上で考えると、税金の安い外国に居住して非居住者になれば、まずは税金が安くなります。しかし日本国内で発生した所得の源泉をそのまま国内に残しておくと、たとえ外国に居住していても日本で課税されます。

例えば日本で不動産収入や株式の配当収入があるとか、日本の銀行の支店に預金をしているなどの場合は、そのまま外国に居住していても日本の課税対象となります。不動産から得た所得については日本で申告しなければなりませんし、配当、預金利子は源泉徴収の対象となります。専門的な言葉で言いかえれば、「国内源泉所得」についてはあくまで日本で課税される、ということです。勿論、租税条約によって課税内容が変わる場合もあります。

そこで、「国内源泉所得」がどんな性格を持ち、税法上どのように規定されているのかの理解が不可欠になります。非居住者の課税関係は図4－4のようになります。

国内源泉所得は全部で17種類

個人の場合、国内源泉所得は所得税法に規定されていて、全部で17種類あります。簡単に言うと国内で事業を営んでいれば、国内に国内源泉所得があり、また国内に所有する不動産で賃貸収入がある場合も、国内の不動産所得になります。また国内で株式を持っていて国内で配当を得ていれば、国内の配当所得になります。預金利子もおなじです。それ以外の特許権の使用料とか貸付金の利子収入も、源泉は国内となります。この貸付金でいいますと、日本国内に債務者がいればその債務者からもらう貸付金利息は、日本国内で発生した源泉所得となります。

これが日本国内で発生して政府が課税根拠を持つ、国内源泉所得というものでその所得の分類が17種類ある、ということです。

以下、日本国内にある典型的な資産、例えば〈株式〉〈預金・国債〉〈ゴルフ会員権〉〈不動産〉〈仮想通貨〉〈投資信託〉〈生命保険〉などから発生する所得の日本での課税関係や、個人の〈事業収入〉〈役員給与収入〉〈ロイヤリティ収入〉や〈原稿収入〉〈公的・私的年金〉〈信託収益〉も同じように課税関係を考えます。その上で非居住者としての課税を説明します。

国外転出時価課税制度（「出国税」）との関係についても考えます。

株式による所得

（1）配当

日本に本店登記があり日本で設立された会社からの配当は、国内源泉所得になります。配当受取時には上場株式なら20・315％、未上場会社の配当も20・42％の課税がなされます。

非居住者としての配当所得は、上場株式なら現在15・315％（住民税5％がかからないためです）、未上場会社の配当は20・42％です。ただし租税条約によって税率が10％に軽減か免税の場合もあります。

外国で設立された会社から国外で配当を得れば、日本の税金は一切かけられません。（外国会社の株式から得る配当は、日本の税法上、国外源泉所得になります。会社そのものが海外にあれば、当然、所得の源泉も海外にあり日本国内で発生した所得ではないと扱われるわけです）。つまり本店登記されている場所が問題になるわけです。

（2）キャピタルゲイン

次は株式売却時の課税についてですが、日本に恒久的施設（ＰＥ：Permanent Establishment）がなければ、原則として日本での課税はありません。個人事業主であれば、そのオフィスをたたんで、すべての機能を海外に移して非居住者となったようなときです。ただし例外もあります。

その①は、ある会社の乗っ取りを図って株式を買い集めていた株を、その会社のオーナーやその同族などに売却した時は、たとえ日本にＰＥがない非居住者であっても、15・315％の申告分離で日本に税金を納めなければなりません。

その②は、日本の法人の25％以上の株式を持っている人が年間５％以上を売却した場合（事業譲渡類似株式の売却）は、たとえ日本にＰＥがない非居住者であっても、15・315％の申告分離が必要となります。５％の住民税はかかりません。もっとも例外の例外もあり、租税条約によっては免税です。アメリカやドイツ、アイルランドの居住者なら、この場合でも日本の課税はありません。

こうした租税条約の免除などの特典を受けるためには、「租税条約に関する届出」を確定申告書と併せて期限までに提出しておく必要があります。

その③は、ゴルフの会員権についてですが、これは株式形態であっても預託金形態であっても売却に際しては同様に、日本にＰＥがない非居住者でも、確定申告が必要となります。ただし、アメリカの居住者なら租税条約により課税はありません。

その④は、その資産価値の50％超が不動産からなる会社の株式を売ったときのキャピタルゲインです。

最後は、海外に住む子供が親の日本の会社の株主で、その株を売ったとき（事業譲渡類似株式の売却）のようなキャピタルゲイン。その④と最後も租税条約によって日本での課税がない場合もあります。

「出国税」については、有価証券の時価が1億円以上ならその含み益に課税されます。

（3）ストックオプション

ストックオプションとは、会社が役員や従業員に対して、一定期間の後に一定の価格で自社株を購入する権利を与えるというものです。

日本の税制適格（課税されない）ストックオプションを受けた後、海外にてオプションを行使し、株式を売った場合、日本での課税はどうなるかという問題があります。日本の

図4-5　日本の税制適格ストックオプションの仕組み

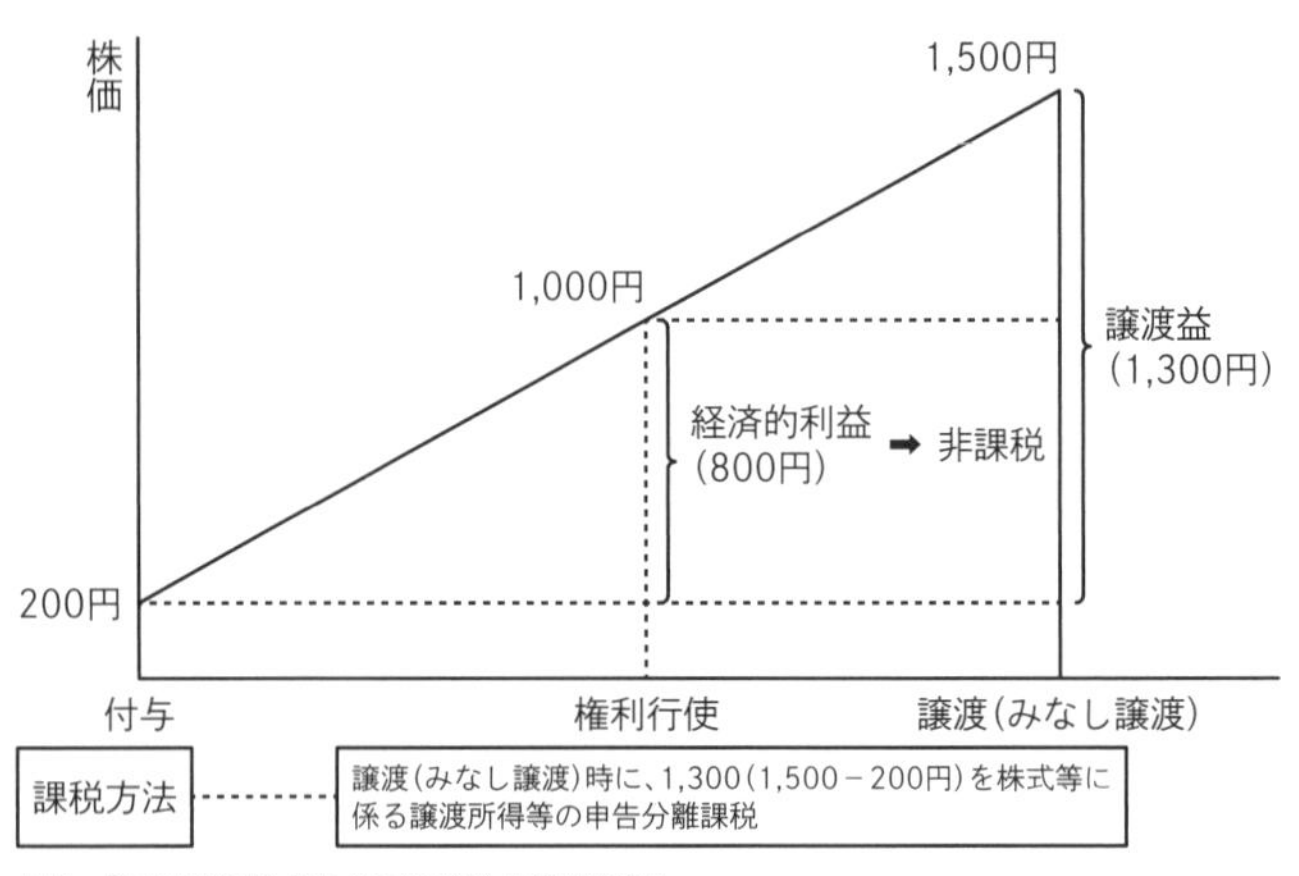

出典　『図解 所得税 令和３年版』(財)大蔵財務協会

税制適格ストックオプションの税金関係は図4－5の通りですが、非居住者でも権利行使したときの利益は日本でも非課税です。株式のキャピタルゲインは日本の税法では15・315%の税率で税金がかかりますが、租税条約によっては日本では、例えば対アメリカとでは、非課税となります。

例えば、アメリカ、アイルランド、スイス、イタリアなどの居住者であれば、租税条約があるために日本では課税されず、現地国のみの課税で済みます（アメリカの場合、権利行使益のうち日本勤務期間に対応する金額は日本で15・315%課税されます）。反対に、カナダ、インド、タイなどの居住者であれば、日本で課税されます。

「出国税」との関係では、原則、有価証券の時価が1億円以上ならその含み益に所得税課税されますが、税制適格ストックオプションは「出国税」の対象外となります。ただし、オプション行使時の譲渡益は、日本の国内源泉所得として15・315％の課税になります。

譲渡制限付き株式（リストリクテッド・ストック・ユニット）等の交付は、譲渡制限が解除されたときに給与として課税されます。

（4）自己株式の買入

留保利益の厚い会社が自己株式を買入れますと、譲渡者にみなし配当所得とキャピタルゲイン課税が通常発生します。みなし配当は累進税率課税で、キャピタルゲインは分離課税です。非居住者が売った場合のみなし配当は20・42％の源泉徴収課税、譲渡益は15・315％になります。

みなし配当は、租税条約上も配当として扱われますので、租税条約によって税率が10％に軽減か免税の場合もあります。譲渡益は有価証券の譲渡による所得ですので、租税条約により日本での課税がない場合もあります。

「出国税」については、有価証券の時価が1億円以上ならその含み益に課税されます。

預貯金の利子

非居住者の場合、税率20・315％のうちの5％を占める「住民税利子割」が課税されなくなりますので15・315％のみです。もっとも現下の超低金利では差は全くありませんが……。

一方、海外に預金を移すとして、日本に住んだままの状態で外国の銀行に預金を入れた場合は、居住者である限り税法上は他の所得と合算して日本で申告しなければなりません。また外国銀行の日本の支店を通して預金を入れた場合は、居住者ならその支店から預金収入を得るときに20・315％の分離課税があります。日本の課税を回避するためには、預金を外国銀行の外国支店に移し非居住者として利息を受け取る、というのが理想的なのですが、受け取り国の外国での課税には注意が必要です。

貸付金の利息

自分の会社への貸付金があり金利を受け取っている場合を想定します。非居住者になったあとも金利を受け取ったとき、恒久的施設がなければ15・315％の源泉税で済み、租税条約によって大体10％に軽減されます。

役員報酬

日本の会社に海外子会社があり、日本会社の代表取締役のまま現地子会社の役員として赴任したときや、非居住者として、日本の会社の役員報酬を海外で得ている場合、送金時に日本で20・42％の源泉所得税を納める必要があります。

一般に給与は働いている国で課税されるのが原則です。また単身赴任で留守家族に支払われる給与も日本では税金がかかりません。しかし、日本で本店登記された会社の役員報酬については、日本に課税があります。

海外の居住者になると現地でも役員報酬課税が出てきますので、租税条約の規定を調べておく必要があります。シンガポール、マレーシアとでは日本に課税権がありますが、シンガポール、マレーシアでは、現地の国内税法によって非課税になります。一方、アメリカでは現地でも所得税が発生しますが、外国税額控除がとれます。

ファンド投資の収益

海外からのファンド投資の受け皿の形態には、通常の日本法人、信託、任意組合（投資事業有限責任組合、有限責任事業組合を含む）、匿名組合、などがあります。匿名組合や任意組合からの収益は20・42％の税率で源泉徴収されます。匿名組合から利益分配は源泉税だけで日本での課税は終わります。

投資事業有限責任組合への投資については、この組合が日本国内に事務所等を持っていますと海外投資家にもいわゆるＰＥ課税が発生してきます。しかし、有限責任組合員であること、組合業務の不執行、組合持分割が25％未満などの、一定の条件をみたせば日本で税金はかかりません。事業譲渡類似株式の売却益については、組合全体で25％以上持っていても、この条件を満たしている投資家の保有割合が25％未満なら課税はありません。海外投資家が運用業者などの代理人等（独立代理人）を日本においた場合、その投資家の株式キャピタルゲインが非課税になっています。

個人であるファンドマネージャーが投資組合事業に金銭等を出資し、その組合の組合員となり、出資割合を超えて当該ファンドマネージャーへの分配利益（キャリード・インタレスト）も一定の条件で、株式譲渡益として分離課税扱いとなっています。

海外信託からの収益

日本の信託税制には、国内信託と海外信託との区分の定義がありませんので、受益者が日本居住者、信託及び信託財産が海外にあるものを「海外信託」とし、日本の信託法上の信託と同じものであるとの前提にて解説します。

日本の信託課税の概要は図４－６の通りですが、「海外信託」であっても自益信託（委託者＝受益者）は信託設定時点での課税はなく、「海外信託」での運用収益の性質に応じて、例えば、利子、配当、株式譲渡益などを、日本で確定申告することになります。外国

図4-6　日本の信託課税の概要

<table>
<tr><th colspan="2" rowspan="2"></th><th rowspan="2">受益者等課税信託</th><th colspan="2">法人課税信託</th><th rowspan="2">集合的信託</th></tr>
<tr><th>受益者等
不存在信託</th><th>法人型
課税信託</th></tr>
<tr><td colspan="2">制度目的</td><td>信託課税の原則的な姿</td><td>個人資産管理のための信託に適切に対処
※特に、相続税・贈与税の租税回避への対処が重要</td><td>受益者のみが課税されることによる法人税の欠落に対処
※導管型特別措置の適用がありうる</td><td>適正な課税繰延制限を前提とした受益者のみへの課税</td></tr>
<tr><td colspan="2">対象</td><td>●原則的な資産管理信託
●構造が単純なビジネスのための信託</td><td>●受益者不存在の場面(時期)がある例外的な資産管理信託
●目的信託等</td><td>●法人類似タイプ
●租税回避否認タイプ</td><td>●集団投資信託
●退職年金等信託</td></tr>
<tr><td rowspan="2">設定時</td><td>原則</td><td>●自益信託の場合は課税関係が発生しない
●他益信託で適正対価が授受されない場合は贈与として課税[相9-2I、所67-3II]</td><td>受託者を法人とみなして受贈益課税（法人課税）[所6-3七]（受益者がいなくなる場合も同様）</td><td rowspan="2">法人への出資として扱う[所6-3六、法4-7九]
※受益者課税信託からの変更の場合も同様</td><td rowspan="2">現物資産による信託の設定は譲渡扱い[法12III]</td></tr>
<tr><td>例外</td><td>他益信託で適正対価が授受される場合は受益権の売買類似の扱いとなる</td><td>受託者を個人とみなして贈与・相続課税[相9-4 I III]（受益者がいなくなる場合も同様II III）</td></tr>
<tr><td colspan="2">終了時</td><td>終了直前の受益者から残余受益権者・帰属権利者への贈与等として課税[相9-2 IV、所67-3VI]
※委託者への返還（信託行為に定めないもの）を含む</td><td colspan="2">●法人の解散として扱う[所6-3五、法4-7八]
●内国法人とみなされる場合は、みなし配当（所25 I三）等の問題となる。</td><td>信託の種類ごとに規定された個別ルールによる</td></tr>
</table>

出典　『新版 信託と課税』(弘文堂)

で収めた税金は、日本で一定の条件にて外国税額控除がとれます。

他益信託（委託者≠受益者）は、例えば被相続人（委託者）が「海外信託」に資産拠出し、相続人（受益者）が何らの負担なしにまたは適正な対価負担なしに、「海外信託」からの収益が得られるような場合は、資産拠出時に受益者に贈与税が発生します。

受益者等不存在信託は、文字通り受益者がいない信託です。例えば、子供が一定の年齢になった時に受益者となる、将来生まれるであろう孫を受益者とするような信託です。この場合、受託者を法人とみなして、信託財産から生ずる所得には法人税がかかります。受託者には受贈益課税（信託財産の時価）、委託者には信託財産に含み益があれば、みなし譲渡課税が出ます。

しかし、法人はあとで説明する「外国法人」になるので、信託財産からの所得は国外源泉所得となり日本での課税は、原則ありません。また受贈益課税についても、日本国内の財産の受贈が対象ですので、ありませんし法人税課税も生じません。しかしタックス・ヘイブン対策税制の適用があり得ますので、注意が必要です。

不動産収入

不動産で得た賃料収入、また不動産を売却したときの譲渡益は、非居住者であっても日本で課税されます。これは不動産が所在する国に課税権が認められているからです。不動産が日本にある限りは、日本で総合課税されることになります。

直接不動産を持つのではなく不動産保有会社の株式を持っている場合の配当収入は、株式による所得（1）配当と同じです。しかし株式を売った場合、その株式価値の50％以上が不動産で成り立っているときは、外国法人の株式譲渡益でも日本で課税されます。上場株式なら5％以下、未上場株式なら2％以下の所有割合なら課税はありません。

アメリカ、イギリス、フランスとの租税条約では、持株比率が上場株なら5％以下であれば米英仏で課税され、日本で税金はありません。一方、中国、オーストラリアとの租税条約では持株比率の規定がないので日本で税金がかかります。

ちなみに、海外転勤により、持ち家を借上げ社宅にしてもらい、他人に賃貸したときの家賃を非居住者として受け取ると20・42％の源泉所得税が生じます。個人に直接居住用として貸せば源泉所得税の課税はありません。

事業コンサルティング収入

コンサルティングの仕事内容は、人が何時間働いていくらの収入を得るか、という人的なサービスであると言えます。こういった人的なサービスについては、日本国内で行われれば日本で発生した所得と見なされます。日本のクラインアントから報酬をもらえば、受け取り人のコンサルタント雇用主は、たとえ非居住者であっても日本から送金する際に、20・42％の源泉所得税がかかります。

国外でサービスを提供した場合、日本のクラインアントが海外に拠点が持つようなら、その海外支店等でサービスを提供すれば、日本の国内源泉所得にはなりません。もちろん海外支店等の所在する国の税金はかかりますから、税率が安い国を選ぶことが重要です。

日本の会社から自由業としてのコンサルティング報酬を得る場合は、日本に事務所などの固定的施設がなければ日本で税金はかかりません。必要に応じて来日し、仕事をしても課税はありません。

ロイヤリティ収入

翻訳収入やインタビュー記事など原稿収入は、国際税務上はロイヤリティの利用料としてみなされ課税の対象となります。海外に住みながら、原稿を書き、日本の出版社から印税をもらえば、その出版社から送金時に20・42%の源泉所得税がかかります。これも租税条約のある国に居住していれば実際にはおおむね10%の課税で済みます。アメリカ、イギリス、フランス、ドイツなどは免税になっています。

アメリカやイギリス、フランス、ドイツなどに住んでいるなら、日本の源泉はかかりません。日本とこれらの国との租税条約では、著作権の使用料について源泉がかからないことになっているからです。

知的財産権の使用料も、ロイヤリティの利用料としてみなされ課税の対象となります。租税条約によって軽減税率、減免の扱いになります。

非居住者の個人で、ある程度の特許権、商標権、著作権を持つ人ならば、税率の安いタックス・ヘイブン国の会社にそれら全部を集めて、そこを拠点に使用料を取ることも考えられます。ただし、著作権等の保有会社のある国で国外源泉所得として非課税になるためには、著作権料が支払われる国での課税が要件になる低税率国もあるので、注意が必要です。

年金収入

老後に海外で暮らそうとする日本人は少なからず存在します。現地での生活費の一部を年金で賄う場合の税制は次の通りです（図4－7）。

つまり非居住者であっても所得に課税されるわけです。しかし、日本は2022年6月1日現在、83の租税条約を149か国・地域と結んでおり、年金受取人の居住地国で課税されるというのがおおよその租税条約の規定です。ただし、カナダ、マレーシア、タイ、ニュージーランドなどは日本でも課税されますので、現地にて二重課税の調整、外国税額控除の手続きが必要になります。

国によっては生保の私的年金なども、アイルランド、カナダ、韓国、シンガポール、フィリピン、アメリカ、イギリスなどの国で受け取るなら、現地の税金だけで日本では税金

図4-7　海外で年金を受け取るときの税金計算

公的年金

日本で出国し非居住者として公的年金を受ける時は、次の計算で
源泉徴収されます。

65歳以上

(年金支給額－9.5万円×年金の額に係る月数(何ヵ月分かということ))×20.42％

65歳未満

(年金支給額－5万円×年金の額に係る月数(何ヵ月分かということ))×20.42％

個人年金

非居住者として個人年金を受け取る場合は、次の計算となります。

$$\left(\text{その年に受ける年金の額} - \frac{\text{その年に受ける年金の額×保険料の総額}}{\text{年金の支払い総額(見込額)}} \right) \times 20.42\%$$

がかかりません。

　ところで、年金をもらうには掛金を払う必要がありますが、サラリーマンなどが海外転勤したときの日本の年金掛金はどうなるかといいますと、転勤先がドイツ、イギリス、韓国、アメリカ、ベルギー、フランスであれば、それらの国々で掛金を払う必要がありません。ただし、条件は相手国での赴任期間が5年以内、それと当然ですが、日本で年金に加入していることです。

　こうした取り決めを社会保障協定といいます。これがないと、赴任国と日本とで年金掛け金の二重払いが発生してしまいます。日本は2022年6月1日現在22カ国と協定済みです。

退職金の受け取り方

退職金の受け取りについてはどうでしょうか。

日本の会社に22年勤務し、そのうち海外勤務が5年間あったとします。そして海外の勤務地で退職し、その勤務地で退職金を受け取ったときの日本での課税はどうなるか。これは図4－8のような計算式で割り出されます。

これには特例があって、このケースのように海外で受け取る場合と日本国内で受け取る場合とで大きな差がある場合は、それを是正する措置として、海外で退職金をもらう際でも日本の居住者のような形で退職金の税金を納める手続きが認められています。

具体的には、まず20.42％の源泉徴収を差し引かれた金額で受け取っておいてから、日本で所得税の確定申告をすれば差額は還付されるのです。このときに合わせて住民税も申告します。ですから、こういったケースでは結果的に税引き後の額は同じになりますが、日本で受け取る方が手続きは簡単になります。

ただし、海外勤務が長い方で日本に勤務していた期間がごく短期であると、20.42％の

図4-8　海外で退職金を受け取った場合の課税計算

22年間勤務に対する退職金が2200万円だったとすると、

$$2200万円 \times \frac{17}{22} = 1700万円$$

この1700万円について海外に送金するときに会社が 20.42％ の源泉徴収をしなければならないので

1700万円×20.42％＝347万1400円…… a

が差し引かれ、手取りで

2200万円－ a ＝1852万8600円

となります。

これを居住者として受け取った場合はどうなるかというと、

$$\frac{\{2200万円-(800万円+70万円\times 2)\}}{2} = 630万円$$

630万円×20.42％－43万円＝85万円

これに住民税（概算）を加えて、

85万円＋住民税（63万円）＝148万円…… b

という課税額となり、手取りでは

2200万円－ b ＝2052万円

と、実際は国内で受け取った方が税金は安くなります。

源泉徴収を差し引かれた金額の方が有利になる場合もあり、こうしたケースでは専門家に相談された方がよいでしょう。

生命保険金等の税金

日本国内にある営業所を通じて生命保険契約をし、保険金の支払いを受けたり、剰余金の分配の支払いを受けたりすれば、日本で発生した所得と見なされますから、たとえ海外に居所を移しても日本国内で課税されることになります。これも日本の国内源泉所得として課税されます。ただし、租税条約によっては日本で課税されない場合もあります。

ところで、一般に保険は契約形態によって、保険金にかかる税金の種類が違うということを知っておかなければいけません。契約形態とは、誰が契約者（保険料を払う人）で、誰が被保険者（保険の対象となる人）になり、誰が保険金の受取人になるかといった契約の仕方をいいます。ですから、保険の種類や保険金額などが同一の内容の保険でも、契約形態によってかかる税金が日本では、「所得税」「相続税」「贈与税」のいずれかに分かれてしまうのです（図4－9）。

図4-9　生命保険等の課税関係

保険契約等関係者			保険事故等区分		
保険料負担者	被保険者	保険金等受取人	傷害	死亡	満期
A	A	A	非課税	− (注1)	一時所得
A	A	B	非課税(注2) 一時所得	相続税	贈与税
A	B	A	同上	一時所得	一時所得
A	B	B	非課税	− (注1)	贈与税
A	B	C	非課税(注2) 一時所得	贈与税	贈与税
A1/2 C1/2	A	B	同上	相続税 贈与税	贈与税
法人	従業員	従業員 又は その親族	非課税 (注3)	相続税	一時所得 (注3)

(注1)相続財産となります。

(注2)保険金等の受取人が被保険者の配偶者、直系血族又は生計を一にするその他の親族である場合に限ります。

(注3)受取人が法人で、その保険金が退職給与支給規定などで、従業員の退職 金や支払うべき給与、賞与などに充当されるものであるときは、退職所得や給与所得となります。

出典　『図解 所得税 令和３年版』(財)大蔵財務協会

超低金利の日本では、生保の運用利回りも極めて低く、アメリカ、カナダなどの外国生保加入を考える人も多いでしょう。しかし、外国の保険会社と直接、契約を結ぶ場合には保険業法により内閣総理大臣の許可が要ります。違反すると、「50万円以下の過料に処する」となります。非居住者であれば、海外で外国保険の加入は可能と思われますが、契約時に十分にリスクを考えておくべきでしょう。

日本の保険業法の免許を受けていない外国の保険会社から受けた保険金も、相続又は遺贈により取得したものとみなして、相続税がかかる生命保険金の範囲に含まれます。法定相続税一人当たり５００万円の非課税限度枠はとれます。

租税条約の届け出

租税条約による源泉所得税率の軽減や免除を受ける場合には、「租税条約に関する届出書」の提出が必要になります。支払側がその所轄の税務署に、支払前に提出しておく必要があります。

届出を忘れた場合には、通常の税率で源泉税を取って、後日、「租税条約に関する源泉徴収税額の還付請求書」を、支払者の納税地の所轄税務署長に提出することで、軽減または免除の適用を受けた場合の源泉徴収税額と、国内法の規定による税率により源泉徴収された税額との差額について、還付を請求することができます。

国際的な租税情報提出制度

日本人（居住者含む）対象の制度には、主に次のような調書提出制度があります。

国外送金等調書……銀行などの金融機関などを利用して国外送金したり、国外からの送金などを受けたりする場合、その金融機関に対して告知書を提出しますが、それを受けて金融機関が作成し、税務署長に提出する書類のことです。調書には送金者、受領者、本人口座番号、取次金融機関、金額、送金目的などが記載されます。なお、100万円以下の国外への送金などについては、調書の提出が免除されています。個人の取引だけでなく会社の取引も対象です。

国外財産調書制度……居住者（「非永住者」を除く）で、その年の12月31日において、その価額の合計額が5000万円を超える国外財産を有する場合、その国外財産の種類、数量および価額その他必要な事項を記載した国外財産調書を、その年の翌年の3月15日までに、住所地等の所轄税務署長に提出しなければなりません。2023年分からはその年の翌年の6月30日が期限になります。

財産債務調書制度……確定申告の所得金額の合計額が2000万円を超え、かつ、その年の12月31日において、その価額の合計額が3億円以上の財産またはその価額の合計額が1億円以上の国外転出特例対象財産（有価証券など）を有する場合、財産の種類、数量および価額ならびに債務の金額その他必要な事項を記載した財産債務調書を、その年の翌年の3月15日までに、所得税の納税地の所轄税務署長に提出しなければなりません。

2023年分からは、この基準に加え、その年の12月31日において、確定申告の所得金額に関係なく、財産合計額が10億円以上である居住者は、その年の翌年の6月30日までに提出する必要があります。

財産債務調書を提出する人が国外財産調書も提出する場合には、その財産債務調書には、国外財産調書に記載した国外財産に関する事項の記載は要しない（国外財産の価額を除く）こととされています。

国外証券移管等調書……国内の証券口座にある有価証券を国外の証券口座へ移管する、あるいはその逆に、国外の証券口座にある有価証券を国内の証券口座に移管した場合、その国内の証券会社等金融機関から税務署へ調書が提出される書類です。

相続・贈与税

納税義務者

相続税法の場合では、取得した財産についてすべて納税義務がある「無制限納税義務者」と、国内にある財産を取得したときに納税義務がある「制限納税義務者」の２つに分かれています。制限納税義務者は、かっては取得者の住所地のみで判定されていましたが、度重なる改正により、取得者だけでなく被相続人や贈与者も含めた住所の有無や期間、さ

図4-10 納税義務者と納税義務の範囲

被相続人・贈与者 ＼ 相続人・受遺者・受贈者	国内に住所あり	国内に住所あり：一時居住者（在留資格があり15年以内で国内住所が10年以下）	国内に住所なし：日本国籍あり（10年以内に国内に住所あり）	国内に住所なし：日本国籍あり（10年以内に国内に住所あり）	国内に住所なし：日本国籍なし
国内に住所あり					
外国人被相続人 外国人贈与者 在留資格あり	居住無制限納税義務者		非居住無制限納税義務者		
国内に住所なし：10年以内に国内に住所あり					
国内に住所なし：非居住外国人					
国内に住所なし：非居住被相続人 非居住贈与者		居住制限納税義務者			非居住制限納税義務者
国内に住所なし：非居住被相続人 非居住贈与者 10年以内に国内に住所なし					

相続税の納税義務（令和3年度改正後）

被相続人 ＼ 相続人	国内に住所あり	一時的居住者（※1）	国内に住所なし：日本国籍あり 10年以内に住所なし	国内に住所なし：日本国籍あり 10年以内に住所あり	国内に住所なし：日本国籍なし
国内に住所あり					
外国人（※2）					
国内に住所なし：日本国籍あり 10年以内に住所あり			国内・国外財産ともに課税		
国内に住所なし：日本国籍あり 10年以内に住所なし				国内財産のみに課税	
国内に住所なし：日本国籍なし（※3）					

※1 出入国管理法別表第1の在留資格の者で、相続前15年以内において国内に住所を有していた期間の合計が10年以下の者

※2 出入国管理法別表第1の在留資格の者に限る。

※3 相続開始前10年間、いずれの時においても日本国籍を有していない者に限る。

出典 『図解 相続 贈与税 令和3年版』(財)大蔵財務協会 他

らに日本国籍の有無などとの組み合わせによって判定され、複雑になっています。
無制限納税義務者は、さらに「居住無制限納税義務者」と「非居住無制限納税義務者」とに、制限納税義務者は「居住制限納税義務者」と「非居住制限納税義務者」に分かれます（図4－10）。

非居住制限納税義務者の判定は、いわゆる「5年縛りから10年縛り」により2017年改正により、相続人・被相続人などが過去に国内に居住していた判定期間が5年から10年に延長されました。

簡単にいえば、相続財産が海外にあってその国に相続人が住んでいて、海外財産の贈与や相続を受けても、相続人と被相続人共に10年超海外に住んでいなければ、日本で相続税がかかることになります。同様に贈与税もかかります。つまり親も子も10年を超えて海外に住んでいない限り、相続税や贈与税がかかるわけです。

相続税法基本通達では、「住所」は、生活の本拠である、生活の本拠がどこにあるかは、客観的事実によって判定する、日本国内に同一人物の住所はひとつしかない、と規定されています。

また海外にいる場合でも、以下の場合は、日本国内に住所があるとみなされます。

- 海外に留学していて、日本国内にいる親族の扶養家族になっている場合
- 海外勤務でも、概ね1年以内の勤務である場合（同居している家族も含む）
- 国外出張、興行など、一時的に日本を離れているだけの場合

財産の所在地

次に問題になるのは財産の所在地です。相続税法第10条で日本に財産があると見なされる条件が規定されています（図4-11）。例えば不動産の所在地では、日本に不動産があれば当然、日本国内に相続税がかかる財産があると見なされます。また、日本の銀行の支店、もしくは外国銀行の日本の支店に預貯金がある場合も、日本に財産があると見なされます。同じように、貸付金の債務者が日本国内に本店登記している企業や日本に住む個人である場合は、その貸付金も日本国内の財産と見なされ日本国の課税対象となります。

有価証券も日本国内に本店を設立登記している会社の持つ株式は、すべて日本国内にある財産と見なされます。

生命保険では、その生命保険の契約を結んだ保険会社の本店、または主たる事務所の所

図4-11　財産の所在の判定の表

財産の種類	所在の判定
動産	その動産の所在による。
不動産又は不動産の上に存する権利船舶又は航空機	その不動産の所在による。 船籍又は航空機の登録をした機関の所在による。
鉱業権、租鉱権、採石権	鉱区又は採石場の所在による。
漁業権又は入漁権	漁場に最も近い沿岸の属する市町村又はこれに相当する行政区画の所在による。
預金、貯金、積金又は寄託金で次に掲げるもの （1）銀行又は無尽会社に対する預金、貯金又は積金 （2）農業協同組合、農業協同組合連合会、水産業協同組合、信用協同組合、信用金庫、労働金庫又は商工組合中央金庫に対する預金、貯金又は積金	その受入をした営業所又は事務所の所在による。
貸付金債権	その債務者の住所又は本店若しくは主たる事務所の所在による。
社債、株式、法人に対する出資又は、外国預託証券	その社債若しくは株式の発行法人、出資されている法人、又は、外国預託証券に係る株式の発行法人の本店又は主たる事務所の所在による。
合同運用信託又は証券投資信託に関する権利	これらの信託の引受をした事務所又は事務所の所在による。
特許権、実用新案権、意匠権、商標権等	その登録をした機関の所在による。
著作権、出版権、著作隣接権	これを発行する営業所または事務所の所在による。
上記1～9までの財産以外の財産で、営業上または事業場の権利（売掛金等のほか営業権、電話加入権等）	その営業所又は事務所の所在による。
生命保険契約又は損害保険契約の保険金	これらの契約を締結した保険会社の本店又は主たる事務所の所在による。 日本の免許を受けていない外国の保険者の事務営業所、事務所等の所在地。
退職手当金等	退職手当金等を支払う者の住所又は本店若しくは主たる事務所の所在による。
国債、地方債	国債及び地方債は、法施行他（日本国内）に所在するものとする。外国又は外国の地方公共団体その他これに準ずるものの発行する公債は、その外国に所在するものとする。
その他の財産	その財産の権利者であった被相続人の住所による。

在地が日本国内にあれば、日本にある財産があると見なされます。日本の保険業法の免許を受けていない外国保険会社は、国内に保険契約の事務を行う営業所、事務所その他これに準ずるものがある場合には、日本に何らかの財産があると見なされます。

相続・贈与税がかからない場合は、相続人・受贈者に日本国籍がない場合、相続人・受贈者に日本国籍があるときでも、被相続人・贈与者及び相続人・受贈者ともに海外に移住して10年超経ったあとに相続開始・贈与があった場合に限られ、ハードルは高いものになっています。

法人の場合

内国法人と外国法人

法人の場合は個人のような生活の本拠による、居住者、非居住者という区分はありませんので、個人のケースとは考え方が違います。

法人は、「内国法人」、「外国法人」の大きく2通りに区分されます。「内国法人」とは日本の法律に基づいて設立され、日本国内に本店または主たる事務所を持つ法人のことです。これはモエヘネシー・ルイヴィトン・ジャパンや日本コカ・コーラなどのように、資本はフランスやアメリカでも、日本の会社法に基づいて設立されて、日本で登記している場合、いわゆる外資系企業であっても税務上は「内国法人」となります（図4-12）。

また「外国法人」とは、「内国法人」以外の法人で、外国法人の日本支店や駐在員事務

図4-12　内国法人と外国法人

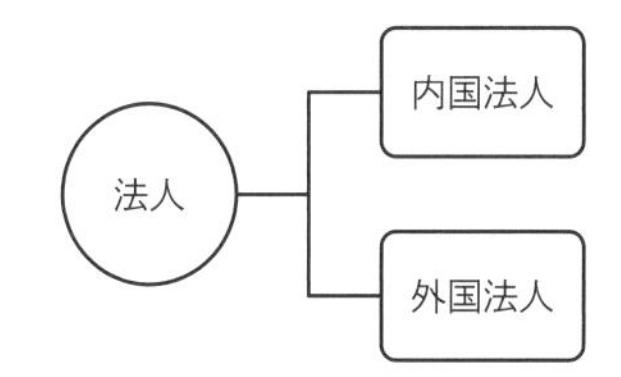

	課税所得の範囲	納税義務
内国法人 (国内に本店又は主たる事務所を有する法人)	すべての所得(全世界所得) ※ただし、外国子会社配当益金不算入制度の適用を受ける配当については、その95％相当額は益金不算入となります。	無制限納税義務者
外国法人 (内国法人以外の法人)	国内源泉所得のみ	制限納税義務者

所などを指します。外国の法律に基づいて設立されており、その会社が日本に支店や駐在員事務所を出しているというケースです。つまり日本の法律に基づいて会社が設立されていないものはすべて「外国法人」の扱いになります。

個人の場合と同じように外国法人と内国法人では、課税される所得の範囲が違ってきます。内国法人では原則、全世界で発生した所得、外国法人は日本国内で発生した所得だけが原則的に日本の課税対象となります。

また、外国法人には日本に支店や駐在員事務所を設けずビジネスを行うものもあります。例えば外国の法人が日本の会社と代理店契約を結んでいて、代理店を通じて自社の商品を流すという形態などですが、これも外国法人に含まれます。

法人の海外進出の税務

進出形態

1　駐在員事務所
2　外国支店
3　外国子会社
4　外国代理店
5　越境ＥＣ

図４－13にありますように、海外進出の基本パターンは、駐在員事務所、外国支店と外国子会社になります。

1　駐在員事務所

法律上、原則的に進出国では営業活動はできないことになっています。駐在員事務所とは、あくまでも本店等のために情報を収集するとか、マーケティングをするなどの目的でしか活動できません。従って、進出国では法人税等は発生しませんが、現地の雇用者給与については、原則、所得税がかかります。

2　海外支店

現地で外国法人として営業活動ができます。外国で得た所得はその外国にて課税され、かつ海外支店の所得は日本法人の所得としても課税されます。これは、海外支店も日本本店もひとつの会社として法人格が同じだからです。外国の税金は日本で支払う税金から一定の限度で控除できます（外国税額控除）。また逆に、海外支店で損失が出た場合は日本本店の利益と相殺できるメリットがあります。

3　外国子会社

外国支店と違い、日本本社と外国子会社は別々の法人となります。

現地での事業活動からの利益は現地で課税されます。外国子会社の所得は原則、日本本社の所得とは合算されません。この辺りは、日本国内で複数の会社を経営さ

図4-13　海外展開時の進出形態と課税関係

	駐在員事務所	支店	子会社
主な特徴	日本本店と同一の法人 事業内容は現地での情報収集等のみに制限され、営業活動は行えない	法人格は日本本店と同一 会社形態と比較し、事業内容に制限がある国と少ない国がある	日本本社と子会社とは別個の法人 進出の選択肢の中では最も事業内容に関する制約が少ない(外資規制や許認可等の制約は受ける)
一般的な課税の概要	一般的に、駐在員事務所については課税対象とならない	海外支店の所得は日本及び支店設置国で課税される	海外子会社の所得は海外で課税され、原則として日本本社での課税対象とはならない
二重課税排除の方法	課税が発生しないため二重課税排除の必要なし	外国税額控除制度	外国子会社配当益金不算入制度
その他	国によっては、営業活動等を行っていないにもかかわらず駐在員事務所に対して支店と同様に課税される場合もある	海外支店の損失を日本本店の利益と相殺可能できる	海外子会社の損失は日本本社の利益と相殺できない

出典『令和3年度「進出先国税制等に係る情報提供オンラインセミナー」デロイトトーマツ税理士法人』

れている方はわかると思います。「原則」とあるのは、日本のタックス・ヘイブン対策税制によって外国子会社の利益が、日本本社の利益と合算課税される場合があるからです。

他の注意点としては、例えば、シンガポールに子会社を作る場合、シンガポールの会社法では取締役の1人は必ずシンガポール居住者でなければなりません。現地に知合いがいない場合、現地取締役は会計事務所や弁護士事務所のスタッフになってもらえますが、報酬がかかります。またシンガポール会社法で秘書役の設置が必須となっていて、会社の財務書類や定款の変更等の政府登録業務、総会・役員会関連書類の作成業務を担います。

シンガポールの現地法人は、1シンガポール（SG）ドルでも設立できますが、就労ビザを取得するための目安として10万SGドル以上あることが望ましいと言われています、駐在員を派遣する場合には最低でも10万SGドルの資本金を入れる会社が多いようです。なお、資本金の通貨は、必ずしもシンガポールドルである必要はなく、ほかの通貨（日本円、USドルなど）にすることも可能です。

シンガポールの決算書の通貨は、日本と違って、日本円、USドル、シンガポールドルなどでも全く問題ありません。ですから資本金の通貨は、決算書の作成に用いる機能通貨に資本金通貨を合わせることが望ましいといえます。

マレーシアで会社を作る場合は、現地の最低1名の取締役を選任する必要があります。会社の取締役については、最低1名のマレーシア居住者を選任することが求められています。マレーシアでも、すべての会社には1人以上の会社秘書役の設置が義務付けられています。

最低払込資本金は、事業内容や必要な許認可に応じて定められていて、入国管理局に雇用パスなどの認可を申請する会社の最低資本金は、100%外国資本の会社：50万リンギットとなっています。日本人が現地100%子会社の取締役に就任し現地赴任する場合は、50万リンギ（1リンギット30円として、約900万円）の資本金が必要になります）。

香港での会社設立については、秘書役は必要なもののシンガポールやマレーシアのような資本金、取締役の規定はありません。外国の会社も取締役になれます。ただし、私的会社（Private Company）の場合、最低1人の自然人取締役を任命する義務があります。

4 外国代理店

日本の会社が自前で海外に支店や子会社を設立せず、現地の会社と代理店契約を結んで商品・製品などを販売してもらいその手数料を支払うパターンです。初期の人的・物的投資コストが省けますので、ビジネス上は安全な方法といえます。

税務上は、現地で課税されかねない恒久的施設（ＰＥ）認定リスクがあります。ＰＥは、事業を行う一定の場所であって、企業がその事業の全部または一部を行っている場をいいます。

このＰＥには、代理人ＰＥというのがあり、これは企業のために契約を締結する権限のある者で、当該企業の名において反復して契約を締結する者（常習代理人）です。ただし、当該代理人が当該企業から独立している場合、独立代理人といいますが、これは除かれます。

代理人ＰＥについては、日本が締結している租税条約ごとに判断していくことになります。例えば、中国との租税条約では常習代理人だけでなく、注文取得代理人（特定企業のために注文取得活動を反復して行う代理人）もＰＥに含まれます。

インド、タイとの租税条約では、この２つの代理人に加えて在庫保有代理人（特定企業のために物品や商品の在庫を保有し在庫を反復して注文する代理人）もＰＥに含まれます。

5　越境ＥＣ

経済産業省の電子商取引に関する令和2年度の市場調査（２０２１年7月）では、図４－14の事業モデルが挙げられています。経済産業省によると個人向け越境ＥＣの販売額は２０２１年に中国向けが前年比10％増の２兆１３８２億円、米国向けが26％増の１兆２２２４億円になっています（日経新聞２０２２年10月16日）。ＥＣ大手や支援会社による自動翻訳や手続き代行などのサービスが広がり、中小企業が参入しやすくなっていると、同記事は伝えています。

越境ＥＣには、簡単に言えば、日本の会社が越境ＥＣで海外の消費者に商品やサービスを提供した場合の日本の消費税と、その場合の利益への現地での法人税の問題があります。法人税については、相手国のＥＣモールやＥＣ事業者を利用した場合の相手国でのＰＥ課税問題となります。

図4-14　越境ECの事業モデル

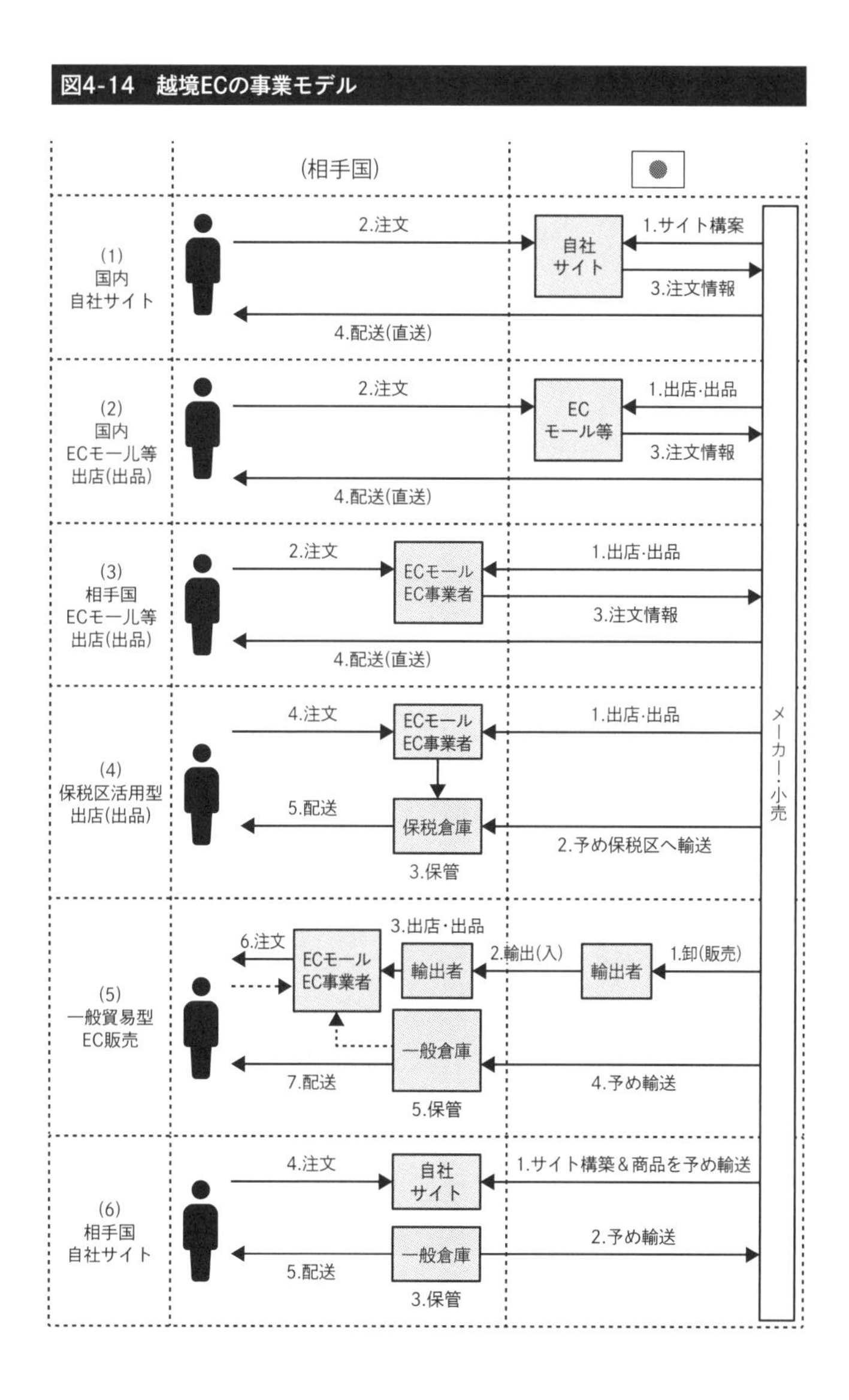

取引形態による課税関係

次に、海外取引から発生する所得への課税関係についての注意点を考えます。

1　商製品の販売
2　子会社株式の譲渡
3　役務サービスの提供
4　知的財産等の無形資産のライセンス供与
5　資本出資
6　貸付金

1　商製品の販売

日本本社から商製品を、海外支店、海外代理店、海外子会社に発送して、現地で販売します。その場合の現地での販売利益はすでに説明しましたように、現地で課税されます。

支店や子会社がなく、日本本社のセールスマンを海外長期出張でホテルなどに滞在させ、販売契約を結ぶ場合、そのホテル一部屋が事業所PE認定される可能性があり、現地でその販売利益に現地課税が発生するリスクがあります。一般に、何日間滞在すると、「長期」になるかは、相手国との租税条約などに拠りますが、183日が目安になります。

海外子会社への商製品の販売価格について、売り手の日本本社と買い手の海外子会社ともに移転価格税制の対象になります。海外支店への販売はその対象外です。

2 子会社株式の譲渡

日本親会社に譲渡益が出れば、法人税が発生します。租税条約との関係は、前述の通りですが、現物出資を追加論点としてあげます。

第1章でも取り上げた外国子会社の株式を現物出資するケースです。法人への出資は、金銭で払込みをすることが原則ですが、現物の資産でもこの払込みに変えることができます。これが現物出資ですが、税務上は資本の払込みであっても、資産の譲渡と整理しています。つまり、現物出資であっても、資産譲渡として課税対象になります。

外国法人に国内事業所資産等を現物出資した場合、資産譲渡として課税対象になりますが、外国法人の発行済み株式等の総数の25％以上の株式を有する場合におけるその外国法人の株式は除かれ、課税の繰延ができます。

3　役務サービスの提供

日本本社が外国会社にいろいろなサービスを提供し、その対価を受け取れば日本での課税対象となります。サービスの対価額については移転価格税制（日本及び現地）も関係します。また寄付金課税もあります。これは、サービス対価が無償や廉価であると、日本本社は適正な対価で収益を計上し課税が発生する場合です。

さらに現地外国での税金も考えておく必要もあります。例えば、中国の子会社等から日本にコンサルティングサービス報酬が払われる場合、中国の6％の増値税が源泉徴収されます。また実際にあった事例ですが、江蘇省の某都市でのコンサルティングに関して、6％の増値税以外に都市建設税（2・5％）、教育付加費用（2％）、地方教育付加費用（1％）が源泉徴収されました。こうした税金は日本企業の外国税額控除の対象になりませんので、事前の調査が必要になります。

4 知的財産等の無形資産のライセンス供与

ライセンス供与によるロイヤリティ収入については、すでに説明しましたが、課税問題としては、現地での源泉所得税と租税条約による税率軽減、移転価格税制、日本側での外国税額控除、みなし外国税額控除があります。

みなし外国税額控除制度（タックス・スペアリング・クレジット）とは、投資先である開発途上国に、自国の経済発展のため一定の要件を備えた外国投資への税制上優遇措置があり、かつ源泉地国と居住地国との間にみなし外国税額控除制度の規定のある租税条約が締結されている場合に適用されます。

２０２２年7月1日現在、日本との間の租税条約において有効なみなし外国税額控除制度の規定がある国は、ザンビア、スリランカ、タイ、中国、バングラデシュ、ブラジルの6カ国です。例えば、中国となら実際に源泉徴収された所得税が10%であっても、20%控除されたものとして、外国税額控除ができます。中国が途上国かの疑問もありますが、途上国への投資が優遇される制度です。

5 資本出資

まず、海外子会社からの配当には外国子会社配当益金不算入の制度があります。内国法人が外国子会社（内国法人の外国法人に対する保有割合が25％以上であり、かつその状態が剰余金の配当等の額の支払義務が確定する日以前6カ月以上継続している外国法人をいう）から受ける剰余金の配当等の額がある場合には、その剰余金の配当等の額からこれに係る費用の額に相当する額（剰余金の配当等の額の5％相当額）を控除した金額：95％を益金の額に算入しないことができる制度です。

また、租税条約の二重課税排除条項において外国法人の株式等の保有割合が軽減されている場合には、その軽減された保有割合によって外国子会社の判定を行うこととされています。具体的には、例えば日米租税条約では、その二重課税排除条項において株式等の保有割合が10％に軽減されているので、10％以上であればこの制度が受けられます。

この制度を受けられない場合には、配当にかかる源泉所得税について外国税額控除によることになります。

6 貸付金

海外子会社への貸付金利息には現地で源泉徴収されます。従って、現地で源泉徴収されない国、例えば香港は免税、ラトビアとリトアニアは法人間なら現地で免税になります。一方、中国からの利子は租税条約で10％の源泉税率ですが、金融サービスとして6％の増値税もかかります。

他の注意点には過少資本税制があります。外国子会社が日本本社から資金を調達する際、資本出資（配当は損金算入できない）を少なくし、貸付け（支払利子は損金算入できる）を多くすれば、外国での税負担を軽減することができます。

過少資本税制は、海外の関連企業との間において、出資に代えて貸付けを多くすることによる過度な節税を防止するため、外国子会社等の資本持分の一定倍率、例えば3倍を超える負債に対応する支払利子の損金算入を認めないこととする制度です。

日本のこの比率、負債・資本比率は3：1で、外国では中国2：1、台湾3：1です。過少資本税制のない国もあり、アイルランド、シンガポール、マレーシア、インドネシアなどがそうです。

第5章

海外に出て行かざるを得ない、国内市場の長期低迷

海外に行くほかはない国内市場の長期低迷

すでに説明しましたように、日本の法人税の基本税率は、1999年に30%となり、2018年以降は23・2%となっています。この法人基本税率は、これまでに、35%→40%強→37・5%→34・5%→30%→25・5%→23・2%と推移しています。実効税率の29・74%は、資本金1億円超の法人です。中小法人（資本金1億円以下）の実効税率は約33・6%です。OECD諸国やEUに比べて日本の法人実効税率は高いものとなっています。

法人税率はビジネスを取り巻く環境の重要な指標であり、苛烈な国際競争の中、クロスボーダーの立地選択において、大変重要な決定要因になります。企業の利益にかかる法人税率が低ければ低いほどいいわけです。

事業展開の基本が、成長市場を主戦場とすることにあるのはいうまでもありません。さらに、製造企業のクロスボーダーのサプライチェーンの進展により、日本国内での生産・輸出システムの見直しに拍車がかかったことも重要です。「市場に近いところで生産する」という大原則が当然のようになったのです。

昨今の急激な円安や地政学的な不安、サプライチェーンの不測の遮断もありますが、世界をマーケットにするだけの競争力を持つ日本企業やそれを目指す企業が、製造子会社だけでなく本社までを海外へ移すことの可能性は、30年間成長が止まった日本では否定はできません。

大企業は国境を越え「世界（グローバル）企業」として合併・買収に走る

現実をみても、円安メリットにもかかわらず、少子・高齢化による日本のマーケット縮小の将来を見据え、多くの日本企業が生き残りをかけて外国企業のM&A（合併・買収）に走っています。

武田薬品のシャイアー買収、ソフトバンクのアーム買収は、第2章でとりあげましたが、日本を代表する大企業の買収には一部ですが次の例があります。

ソニーグループでゲーム事業を手掛けるソニー・インタラクティブエンタテインメント（SIE）は、「デスティニー（Destiny）」シリーズを開発した米ゲーム会社のバンジーを約４１００億円で買収すると発表しました（日経新聞電子版２０２２年2月1日）。

セブン＆アイ・ホールディングス（ＨＤ）の完全子会社でありアメリカのセブン‐イレブン事業などを運営する米セブン‐イレブンが、現地の石油精製会社マラソン・ペトロリアムのコンビニエンスストア併設型ガソリンスタンド「スピードウェイ」部門を買収する契約を結びました。買収額は２１０億ドル（約2兆２２００億円）になります（東洋経済オンライン２０２０年8月7日）。２０２1年12月にこの買収は完了しました。

一方、国内ではセブン＆アイ・ＨＤはそごう・西武百貨店の売却を決め、低収益事業を見直して成長分野の海外コンビニ事業に経営資源をシフトしています。実際に、２０２１年9‐11月期の事業別営業利益は海外コンビニが６７５億円で、国内コンビニ５３９億円を逆転しています（日経新聞電子版２０２２年2月1日）。

三井不動産は今後3年で過去最大級となる７０００億円の海外投資を実行します。２０２５年までに米ボストンなどで約４７００戸の賃貸住宅を建設。世界で住宅やオフィス、商業施設など幅広く投資し、連結営業利益に占める海外比率を現在の1割強から２０２５年に3割に高めると報道されています（日経新聞２０２１年12月21日）。

中堅・中小企業の国際化はどうか

こうした資金力のある大企業と違い、地道に海外展開している中堅・中小企業もあります。

コロナウイルスといった世界的なパンデミックの影響や安全通貨といわれた円の減価、円安の影響もありますが、円高が定着していたころでもすでに少子化、国内市場の縮小は明らかであり、中堅・中小企業の輸出額や海外子会社の保有割合は上昇し、中堅・中小企業の国際化が進展し、特に中国に現地法人を持つ割合が増加していました。輸出先に関しても大企業と比較してアジアへの割合が高くなっていました。

国際化した中堅・中小企業は、そうでない会社と比較した場合、国際化以前の労働生産性が高く、国際化後もその伸びが高いとの見方もあります。また、これらの会社においては海外進出後に国内の従業員数の伸び率も高くなっています。国際化のきっかけに関しては、自社製品に自信があり、海外市場での販売を志向したという前向きな理由がもっとも多く、取引先の生産拠点が海外移転した、コスト削減要請に対応するための海外生産の必要性を感じたという理由が続きます。

しかしながら一方では、中堅・中小企業の国際化には困難な点もあります。国際化した中堅・中小企業に共通した問題として、子会社のある現地の法制度や会計制度、行政手続き、人材確保・労務管理、投資費用の調達・資金繰りといった人材面や資金面の課題があげられます。また、海外での販売先の確保、信頼できる提携先やアドバイザーの確保をどうするかという問題もあります。

日本企業の国外事業活動の概況

実際、日本企業の海外での事業活動はどの程度のものなのでしょうか?

経済産業省が毎年発表している海外事業活動基本調査概要によれば、2021年度末における現地法人数は2万5325社。製造業が1万902社、非製造業が1万4423社、全産業に占める割合は、製造業が43%、非製造業が57%です。地域別にみると、現地法人数はアジア、欧州が減少、アジアでは、ASEAN10の割合が11年連続で拡大、中国の割合は減少とのことです。

一方、現地法人の従業者数は増加、2021年度末における現地法人従業者数は569万人、前年度比1・2%、業種別にみると、製造業(420万人、前年度比0%)、非製造業(150万人、同4・6%)増加してます。地域別にみると、アジアが減少、欧州、北米は増加、アジアでは、ASEAN10が増加、中国は減少してます。

現地法人の売上高、経常利益、当期純利益はいずれも増加、売上高は303・2兆円、前年度比プラス25・9%。業種別にみると、卸売業、輸送機械などで増加。地域別にみると、アジア、北米、欧州いずれも増加してます。

企業の海外進出で必要になる「グローバル税務」

ASEAN10は、マレーシア、タイ、インドネシア、フィリピン、シンガポール、ブルネイ、ベトナム、ラオス、ミャンマー、カンボジアの10カ国です。北米は米国、カナダです。

さて、税務面からこれら進出国を分析してわかるのは、いずれも日本よりも基本法人税率が低いことです。

その実際の数字をあげれば米国21％（連邦税率）、カナダ15％、中国25％、タイ20％、香港16・5％、シンガポール17％、ベトナム・台湾・ラオス・カンボジア20％、ブルネイ18・5％、インドネシア22％、イギリス25％、マレーシア24％、韓国・ミャンマー25％となります。

先ほど引用した経済産業省の報告書には、税務的に注目すべきポイントがさらに2つあります。

ひとつ目のポイントは、製造業現地法人における研究開発費は9075億円、前年度比で25・8％で大幅プラスとある点です。

日本の親会社が、研究開発の基礎となるような無形資産をアジア子会社に通常よりも安価で譲渡・貸与したり、日本の親会社とアジア子会社とで共同研究開発をしている場合や親会社の研究者が子会社に転勤してそのノウハウなどを伝授している場合、第1章のアップルのケースでも紹介した「移転価格税制」の問題が出てきます。

移転価格税制の移転価格とは親子会社・兄弟会社などの会社グループ内の製品・原材料やサービスの取引価格のことです。会社グループ内の取引価格の操作によって、海外関連会社との間で所得を移転することに対して、日本で課税しようというものです（図5－

図5-1　移転価格税制の仕組み

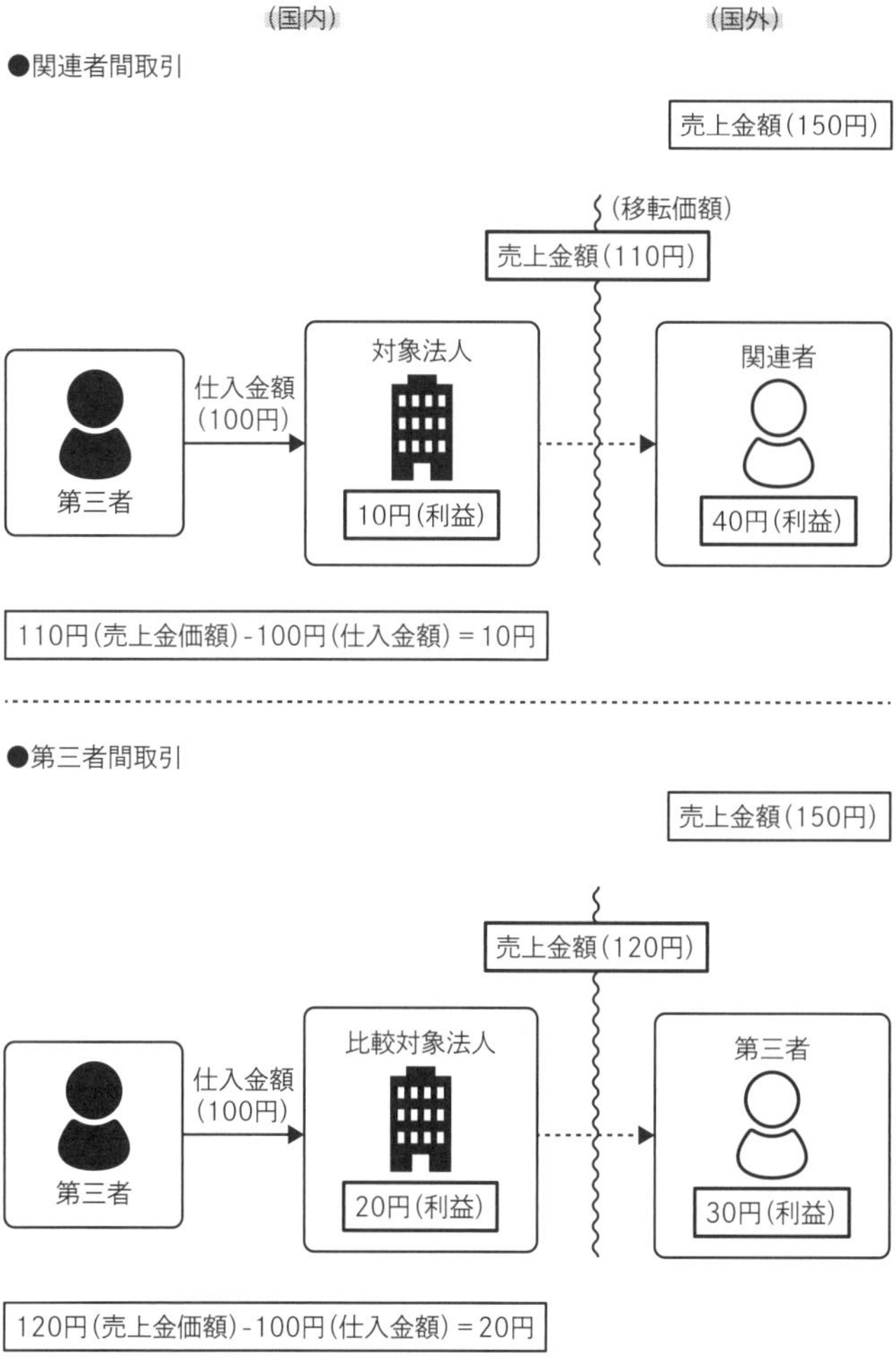

出所　財務省HP

1）。

例えば、日本の親会社が外国の子会社に製品・原材料などを相場より安い価格で販売すれば、日本の親会社の利益が減り、結果として日本の税収が減少します。しかしこの場合、外国の子会社では安い価格で仕入れ通常の値段で売っていますから、利益が多く出て外国政府の税収は逆に増えます。これを修正しようとするのが移転価格税制です。

移転価格税制はこうした商品や製品の親子間取引に適用されるだけではなく、製造技術やノウハウなど、無形資産の使用料の価格についても適用されます。

2つ目のポイントは「日本側出資者向け支払い（配当金、ロイヤリティ等）」です。この金額は5・5兆円です。

ロイヤリティ等とはひとつ目のポイントで説明した、日本親会社が海外子会社に無形資産を供与した場合の使用料です。海外子会社がその使用料を支払う場合、現地での源泉所得税が租税条約により軽減され、通常は10％の税額を納めた後のネットの90％を使用料として親会社に支払うことになります。ただし、日本との租税条約により、米英豪独仏蘭スイスなどは免税です。

配当金収入は、以前は日本親会社の法人税課税対象でしたが、２００９年の税制改正によって外国子会社（持株比率25％以上でかつ６か月以上継続して保有している）からの配当を受けた場合には、そのうちの５％は費用とみなし、残りの95％については免税となることと変わりました。

ちなみに、第1章でみたアメリカ大企業が、「コスト・シェアリング」や「チェック・ザ・ボックス」「サブパートF」など、米国税法上の特典を最大限利用していた理由は、日本やEUにある海外配当金非課税、国外源泉所得非課税の制度が、トランプ税制改正までなかったからです。

またこの持株比率25％以上という条件も、日本と外国との租税条約によって軽減されます。例えば米国、オーストラリア、イギリス、スイス、ドイツ、香港などが対象の場合は10％以上、フランスは15％以上の持株比率で対象の外国子会社となります。ただしASEAN10諸国では、フィリピン、ブルネイの10％以上を除き、条件適用のためには25％以上の持株比率が必須です。

いずれにしろ、税率が低い国で得た利益を大幅で追加的な税金の負担なく、日本親会社

図5-2　配当についての日本親会社の法人税率

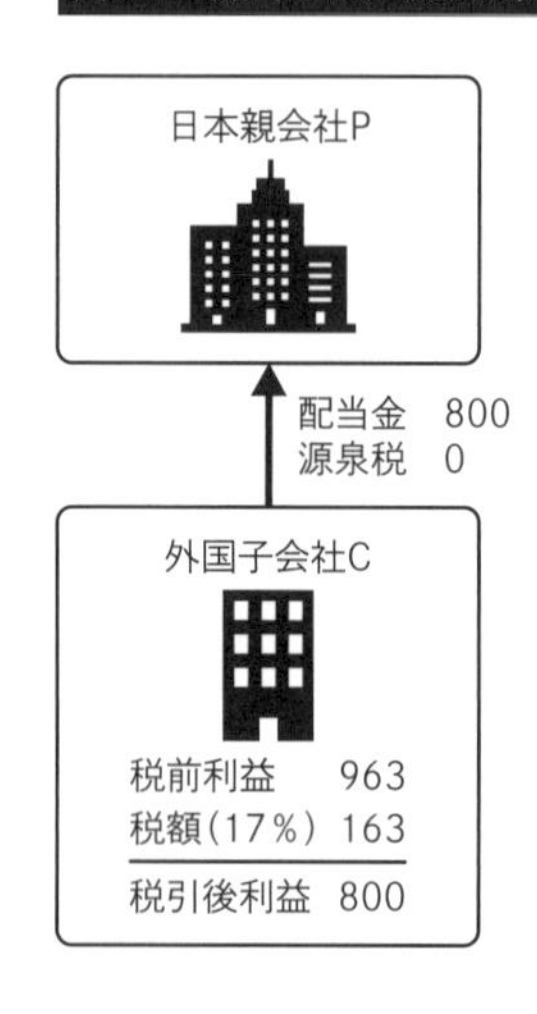

日本親会社Pの税金計算

C社配当金収入	800	❶
配当金課税	▲760	
当期利益	40	
税額	14	
配当源泉税	0	
税負担合計	14	❷
合計税負担率 ＝②÷①	1.75％	

に還流させることが可能となった点には変わりありません。もっとも、報告書によれば内部留保残高は48・3兆円に上り、海外で稼いだ利益は、必要な分だけ日本に送り、残りは外貨として現地におき、進出国で再投資するケースが当然になっていることがわかります。

現地での配当への源泉所得税を考慮した場合の配当についての日本親会社の法人税率は、2％以下（中小法人の場合は5％×実効税率33・5％＝1・67％）であり、実効税率は現地での配当への源泉所得税率を加えたものになります。この数値は、例えばシンガポールや香港であれば配当への源泉税はありませんので、2％以下となるのです（図5－2）。

事業活動はボーダーレス、本拠地は事業がしやすく税率が低いところへ

そもそも企業活動はボーダーレスですから、もっとも利益が上がり、仕事をしやすく、税金が安いところに向かうのは企業にとっては自然なことに過ぎません。課税負担と便益のバランスだけを考えるなら、経済学の標準的な理論と実証結果を併せると、10％程度の税率が最適になると知られているそうです（「経済学者が読み解く」週刊東洋経済２０２２年４月23日）。

ただし、日本企業には本社移転のケースが殆んどないのも事実です。あるのは古い事例ですが、大阪証券取引所一部上場の歯磨き製品大手のサンスターは、２００７年、スイスに本社機能を移転しました。売上高の70％を占めていた国内事業が、少子化の影響で頭打ちとなっていくなか、海外部門は当時欧米を中心に好調が続いていたのです。サンスターにとっては、健康関係の国際機関や製薬会社が集まるスイスに商品戦略や研究開発の機能を移し、グループの成長力を引き上げるための本社移転でした。

もともと海外取引が多い中堅・中小企業や、今後海外に全面的に進出する会社であれば、タックス・ヘイブン国同士で本店や支店を動かすことも考えられます。

自ら国を選んで税金を払う

本書の冒頭では、外資の大企業や日本の大手企業の話をしてきましたが、中堅・中小企業も、マーケットを海外に求めるのであれば、もはや日本に必ず本社を置かなければならない理由はありません。

タックス・ヘイブンのなかには無税国が10カ国ほどあります。それ以外のタックス・ヘイブンでは国内で行われるビジネスについてはかなり高い税率をかけているのも事実です。タックス・ヘイブンの財政は観光収入、会社の登記料や弁護士、会計士への支払いなどで成り立っている場合が大半であるというのがその理由です。また、すべてが無税というわけではなく、付加価値税や不動産取得税は必要という国もあります。

給与に関しても同様です。源泉所得税はないとしても現地で人間を雇えば、給与を払う時点で社会保険などの税金に似た性質のものは必要です。

日本の中堅・中小企業のグローバル展開が必至の今日、日本の国内税法だけを考えていては厳しい競争から取り残されます。グローバル展開時の税務上の効率性・税務リスクに関しての知識は国際ビジネスの必須要件といえます。税金はコストだという意識を持って税引後のキャッシュフローを最大化し、企業価値を高めていく必要が中堅・中小企業にも求められているのです。

個人の資産防衛はどうするか

以上の話は、何も企業だけが海外に出れば良いという話ではありません。現在の日本は各種の課題に事欠きません。それらを順不同に列記すれば、製造業の生産・輸出の国内立地の維持可能性、巨額の財政赤字、少子・高齢化による労働人口の減少と市場の縮小、社会保障費の増大、そして安全保障などとなります。しかも、さらに大きな問題は、こうした課題を長期的にどのように解決していくかの道筋が見えないことです。

課題解決には、当然、そのための資金が必要となります。少しでも考えてみればわかるように、そのための資金源はまず税金に求められます。例えば、所得税の最高税率が極めて高いデンマーク（55・9％）やスウェーデン（52・3％）で、昨今のエネルギー不安があるものの、高負荷の税金を国民が受け入れているのは社会保障が充実し将来への不安を抱かせない仕組みを確実に国が提案しているからにほかなりません。一方、日本はどうでしょう？

税金のムダ遣いが続き、国際競争力強化のための法人税率の引下げはありましたが、消費税率10％では財政健全化には程遠く、さらに所得税の最高税率も45％です。そのような将来への不安にまみれた国に対して、納税インセンティブはなかなか働かないのも理由なしといえません。天然資源もなく政府債務を限りなく積み上げる国に私たちは住んでいるわけです。

四方を海に囲まれた日本の場合、国々が隣接するヨーロッパと違って国境を越えて資産を移動させるという考え方は馴染みがないかもしれません。世界的にもみても高いレベルに張り付いた日本の税率に対しても、国外に資産を待避させようという発想が出てこなかった理由はそこにあったのかもしれません。自らの資産や財産を守るためには国外投資は当然のこと、海外移住さえ選択肢に入れなければならない時代がすでに現実となっています。中堅・中小企業が直接海外へと進出して行かざるを得ない状況が生まれるなか、その考えは個人にも当てはまるものとなっています。

また富裕層を中心とした個人にとっても、財産保全のための海外投資はますます重要になってくると思われます。日本の個人所得税の最高税率が45％、さらに相続課税も強化されます。これは、資産家にとって死活問題です。

国際的なタックスプランニングを作るうえで、重要なポイントは、低税率国、タックス・ヘイブン（税金回避地）や租税特典の多い国を合法的に上手く使うことです。

こういったタックス・ヘイブンは、世界の資産家や多国籍企業によって従来から存分に活用されてきました。海外の資産家についていえば、ヨーロッパでは国境を隔てて多くの国が隣接するなか、戦争などによる政治体制の急変などを代表として個人資産が奪われるという危機と隣り合わせの状況を経験してきました。タックス・ヘイブンを利用したグローバル・アセット・プロテクションは、その歴史のなかから自然に発生してきた一族の資産を守る手法だったのです。その過程では、プライベートバンク、トラスト、財団など、あらゆる手法を活用した財産保全の努力が重ねられました。しかし、第1章で説明したように15％の最低税率制度がタックス・ヘイブンに導入されていけば、タックスプランニングへの大きな影響は不可避のものとなります。

第6章
法人によるグローバル節税

法人によるグローバル節税の活用例を紹介

最初に押さえておくべき「内国法人」と「外国法人」の納税の違い

法人の「グローバル節税」についての具体的なポイントについて説明する前に、日本にある会社、外国にある会社がどのように日本の税務上扱われるか、という基本を再確認しておきます。

法人は、「内国法人」「外国法人」の大きく2通りに区分されます。

「内国法人」とは日本の法律に基づいて設立され、日本国内に本店または主たる事務所を持つ法人のことです。

もう一方の「外国法人」は、外国法人の日本支店や工場、その他事業をする一定の場所などのことです。外国の法律に基づいて設立されており、その会社が日本に支店や工場な

図6-1　総合主義と帰属主義の違いについて

●外国法人の支店を例にすると、課税所得の範囲（日本での申告対象となる範囲）には、次のような違いがあります。

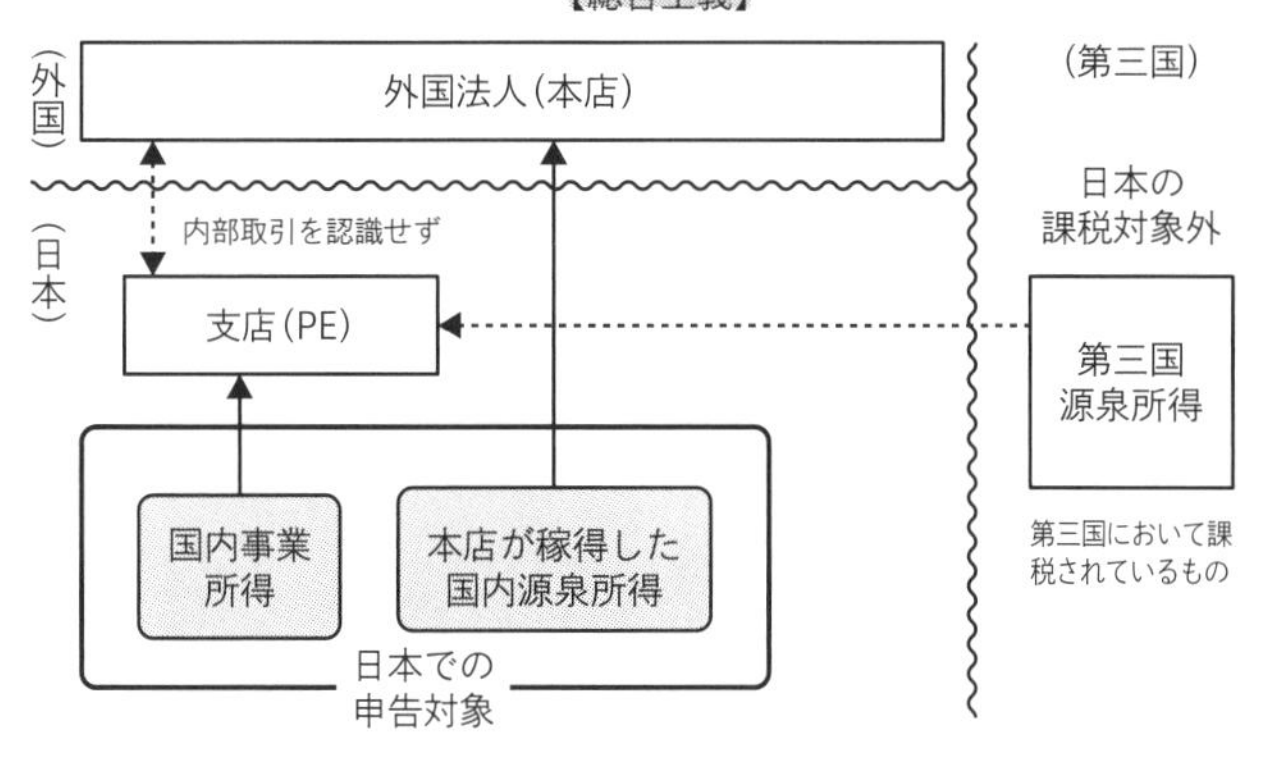

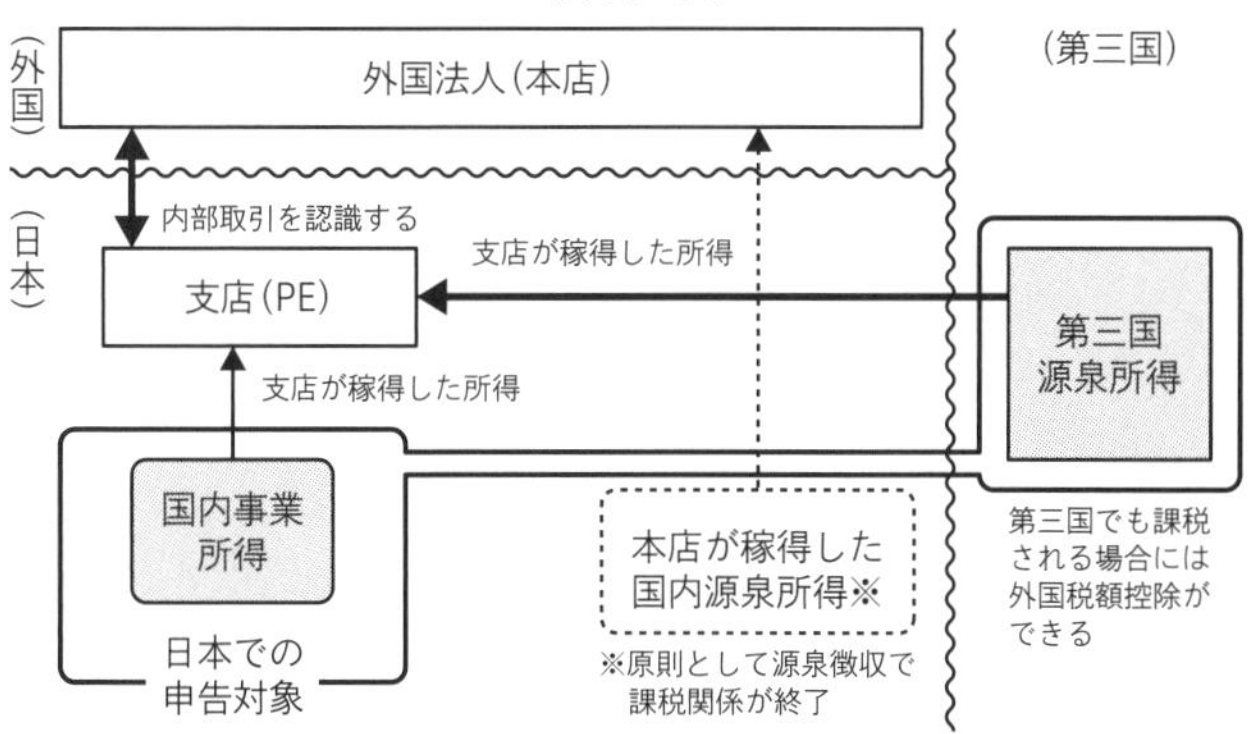

▶「本店が稼得した国内源泉所得」とは、本店が支店（PE）を介さずに行う直接投資等に係る所得をいいます。

▶「第三国源泉所得」とは、支店（PE）が行う国外投融資等に係る所得をいいます。

出所　国税庁HP

どを出しているというケースです。この国内にある支店、工場、その他事業を行う一定の場所を恒久的施設といいます。法律上では、日本の法律に基づいて会社が設立されていないものは、すべて「外国法人」の扱いになります。

税金については、内国法人は全世界で発生した所得、外国法人は日本国内で発生した所得のみが日本での課税対象となる総合主義から、帰属主義に改正されています。この外国法人の2014年度税制改正の概要は図6－1です。改正のポイントは、国税庁の改正のあらまし（2015年10月）によれば図6－2となります。

恒久的施設の改正

さらに2017年に恒久的施設（PE）の範囲につき改正がありました。これは図6－3を参照してください。

ポイントは、PEが認定されると法人税課税が発生するので、それを回避する行動に規制がかけられたことです。外国法人の国内活動が、その会社の事業遂行に関し準備的・補助的なものであればPE認定はないのですが、事業活動を細分化して準備的・補助的活動

図6-2　国際課税原則の帰属主義への見直しのポイント

❶　外国法人に対する課税

(1)総合主義から帰属主義への移行

外国法人に対する課税原則について、従来のいわゆる「総合主義」が改められ、2010年改訂後のOECDモデル租税条約第7条の考え方(Authorised OECD Approach:AOA)に沿った「帰属主義」に改正されました。

(2)PE帰属所得の位置付け

外国法人の我が国に有する恒久的施設(Permanent Establishment: PE)に帰属すべき所得(PE帰属所得)が、国内源泉所得の一つとして位置付けられました。

(3)PE帰属所得に係る所得金額の計算

PE帰属所得とは、外国法人がPEを通じて事業を行う場合に、AOAの考え方に基づき、PEが本店等(本店、支店、工場その他これらに準ずるもので当該PE以外のものをいいます。以下同じです。)から分離・独立した企業であると擬制した場合に得られるべき所得をいいます。
このPE帰属所得については、PEと本店等との間の内部取引を認識し、内部取引に係る移転価格税制を適用して、その所得金額を計算することとされました。

(4)外国法人のPEのための外国税額控除制度の創設

外国法人のPEが本店所在地国以外の第三国で稼得したPE帰属所得に対する外国法人税について、第三国との二重課税を調整するため、外国法人のPEのための外国税額控除制度が創設されました。

❷　内国法人に対する課税

内国法人の外国税額控除制度について、その控除限度額の計算に当たって、国外PEに帰属すべき所得(国外PE帰属所得)が国外源泉所得とされました。国外PE帰属所得については、外国法人のPE帰属所得と同様に内部取引を認識し、内部取引に係る移転価格税制を適用して、その所得金額を計算することとされました。

出所　国税庁資料

ではないものを、そうであるようにしたPE認定回避が規制されました。
また代理人PE（契約締結代理人等）については、改正前は本人の名で契約する者を代理人PEとしていました。ですから、代理人そのものの名での契約締結、契約締結のための主要な役割を代理人が行い、契約署名は本人が行うことで代理人PEを回避することも行われていましたが、規制が課せられました。

課税根拠がなくなると、日本の法人税はかからなくなる

日本国内で会社を設立し、あるいは事業を行えば、その利益には日本の法人税がかかります。つまり課税の根拠は日本の法律に基づいて会社が設立されているかどうか、そして主な事務所や従属代理人（図6－3）があるかどうかです。国内に本社のある会社が国内外で事業を行うケースで、その際は国内国外にかかわらず全世界所得が課税対象となります。しかし、その原則に従いながら運用面での課税条件を活用すれば、大規模な節税効果も得られます。

例えば、海外に子会社を設立して日本から資金を投下しビジネス活動を展開するという

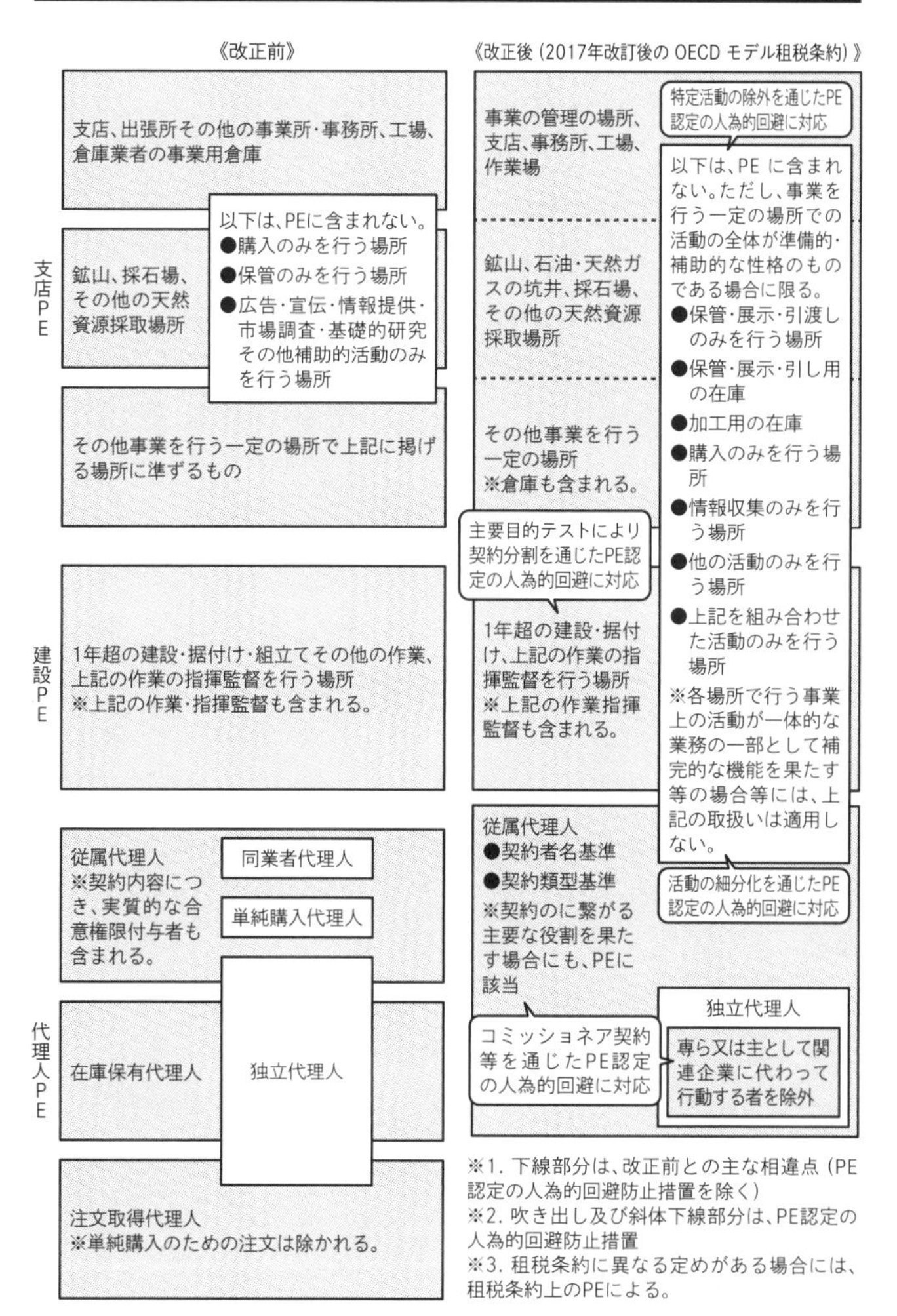

出典 『改正税法のすべて 平成30年版』

ケースが考えられます。

子会社は利益の最大化を図るべく、法人税率の低い国、つまりタックス・ヘイブンに設立します。この場合は、「タックス・ヘイブン対策税制」をクリアすることが必要になります。

タックス・ヘイブン対策税制の内容

日本のタックス・ヘイブン対策税制は1978年に導入され、いわゆるブラックリスト方式を採っていましたが、1992年に廃止され、租税負担割合が25%以下の国をタックス・ヘイブンと位置づけるように改正されました。さらにこの25%といういわゆるトリガー税率は、2010年に20%以下に引き下げられ、2015年に20%未満に引き下げられ、その後の2017年大改正を経て2021年現在のタックス・ヘイブン対策税制の概要は、図6－4となります。この税制が適用されると、簡単に言えば、タックス・ヘイブン子会社の所得が親会社で合算課税されます。

複雑な図ですが、租税負担率に着目した課税関係は、左記となります。

20％以上30％未満……①ペーパー・カンパニー、②事実上のキャッシュボックス、③ブラック・リスト国所在のもの、のいずれかに該当すれば、会社単位の合算課税

20％未満……①経済活動基準のいずれかを満たさない場合　会社単位の合算課税　②経済活動基準を全て満たす場合は、受動的所得に対する部分合算課税

30％以上……適用なし。２０２４年４月１日以降始まる事業年度から27％となる

経済活動基準とは

まず、次の４つの基準をすべてクリアする必要があります。

(1) 事業基準

内容は図６－４の通りですが、例外に一定の要件を満たす統括会社、航空機リース会社があります。

（2）実体基準

この基準の注意点は、単にオフィスがあれば良いというわけではなく、事業、特に主たる事業を行うために必要な事務所、店舗、工場などが現地にあることです。判断基準の参考になるのがレンタルオフィス事件です。

２０１２年10月11日、東京地裁判決で、税務当局によるシンガポール法人への日本のタックス・ヘイブン対策税制の適用が取り消され、納税者が勝訴しました。翌年の５月29日の東京高裁判決でも税務当局の控訴は棄却。最高裁への上告は行われず、判決が確定しました。俗に「レンタルオフィススペース事件」と呼ばれる税務裁判です。

概要は次の通りです。

日本の精密部品製造会社Aの専務取締役Xは、シンガポールにX個人の持株が99・99％となる部品販売会社Bを設立し、その役員に就任しました。

B社は、役員Xが勤める日本のA社の関連会社であるタイ法人の製品を、東南アジアの日系企業に卸売販売するために設立された会社です。

B社は、レンタルオフィスサービスを行うシンガポール法人C社と業務委託契約を結び、C社からシンガポールでの事務所設備の賃貸、業務サポートサービスの提供、営業担当者の派遣を受けていました。またC社のマネージング・ダイレクターSは、B社の株式0・01%を持ち、かつB社の現地役員でもありました。

シンガポール会社法上、シンガポール法人では最低1名のシンガポール居住役員が必須とされています。B社の役員はXとSの2名でしたから、この規程をクリアしていました。レンタルオフィスは、机1台分とパソコン1台などのみのスペースで、作業はC社の派遣社員が行い、役員Xはほとんど日本におり、A社の仕事に従事する形でした。顧客数は10社未満、売上も日本円で1億円程度でした。

この事件では、実体基準について、小規模な卸売業であれば、C社のレンタルオフィス、つまり机1台分とパソコン1台のみのスペースであっても十分な固定的施設と考えられ、基準を満たすと判断されました。

(3)管理支配基準について

本店所在地国で、事業の管理、支配、運営を子会社が自ら行っていることが必要で、これまでの判例などをみると、適用除外の可否については、具体的に次のポイントが総合的に勘案されています。

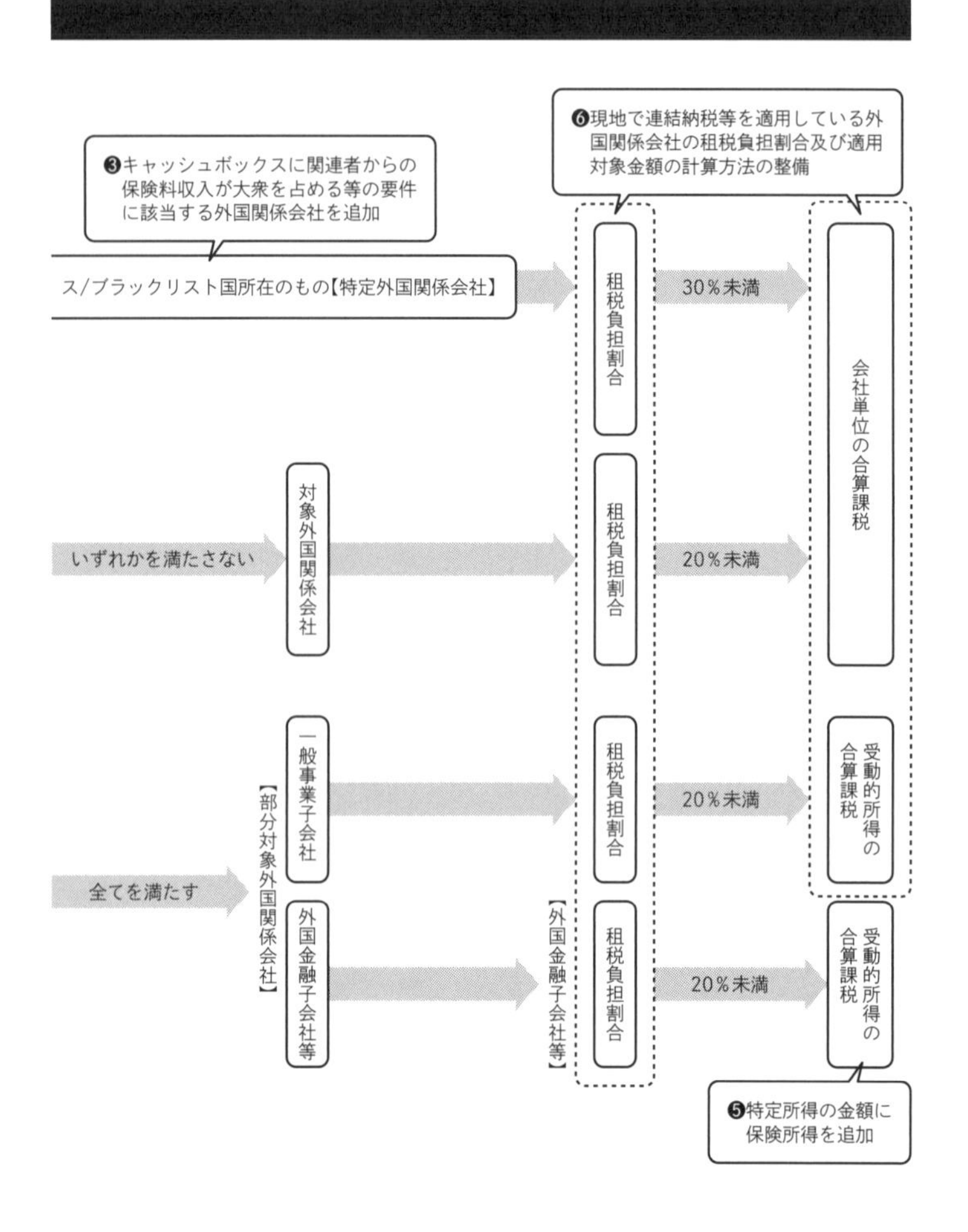

❻現地で連結納税等を適用している外国関係会社の租税負担割合及び適用対象金額の計算方法の整備
❸キャッシュボックスに関連者からの保険料収入が大衆を占める等の要件に該当する外国関係会社を追加
ス/ブラックリスト国所在のもの【特定外国関係会社】
租税負担割合
30％未満
会社単位の合算課税
いずれかを満たさない
対象外国関係会社
租税負担割合
20％未満
全てを満たす
【部分対象外国関係会社】
一般事業子会社
租税負担割合
20％未満
受動的所得の合算課税
外国金融子会社等
【外国金融子会社等】
租税負担割合
20％未満
受動的所得の合算課税
❺特定所得の金額に保険所得を追加

図6-4　令和元年度改正を含む外国子会社合算税制のチャート

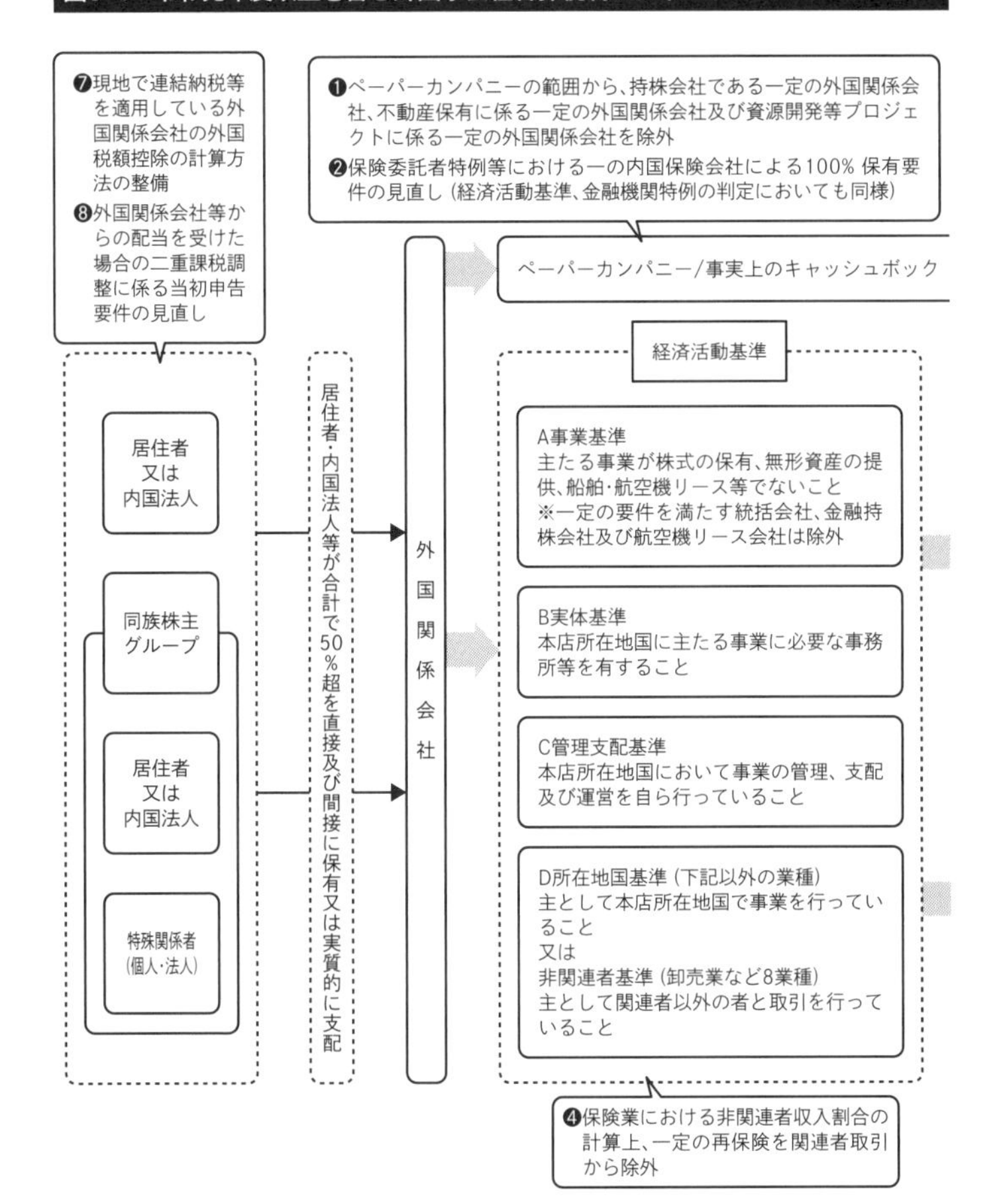

●納税義務者の範囲
イ直接及び間接の保有割合が10％以上である居住者・内国法人株主
ロ直接及び間接の保有割合が10％以上である同族株主グループに属する居住者・内国法人株主
ハ実質支配関係がある居住者・内国法人等

出所　財務省資料

a　株主総会、取締役会が現地で開催されている
b　取引量に見合うだけの従業員が現地で働いている
c　会計帳簿が現地で作成され保管されている
d　資金の調達方法など

ただし、子会社の本店所在地以外の、株主総会の開催、子会社の事業計画などについて日本の親会社と協議しても、それだけで管理支配基準に触れることはありません。

この実体基準でも「レンタルオフィススペース事件」が参考になります。

税務当局は「B社には従業員がいなかった」と主張。一方、実態もB社の製品の販売・仕入れを行っていたのはC社からの派遣社員であったが、同時に彼らには一定の裁量権が与えられていた。判決は、そのような場合は、B社が特に直接社員を雇用するまでの必要はないとし、指揮命令系統に関しても派遣社員への指揮監督は、B社取締役としてのSによってなされたものとの判断です。

ちなみに、B社の現地居住役員Sは、B社だけでなく、他の7社の現地役員も兼務し、さらにB社の経営が軌道に乗るまで役員報酬を受け取らないことになっていました。ただ

し裁判所は、この点についてもそのような条件であってもSは「常勤役員」の要件を満たしていると判断し、税務当局による「名目的な役員に過ぎない」との主張を退けたのです。

(4)非関連者基準または所在地国基準

業種によって適用する基準が分かれます。

- 卸売・銀行・信託・金融商品取引・保険・水運、航空運送業を現地で行う場合、主な取引の50%超が関連者以外との間で行われていること（非関連者基準）。
- 卸売業であれば、売上または仕入の50%超が関連者以外との間で取引されていること。
- 卸売・銀行・信託・金融商品取引・保険・水運、航空運送業以外の、例えば製造業であれば現地で製造が行われていること（所在地国基準）、不動産業であれば主として本店所在地国の不動産売買や貸付をしていることが必要です。

受動的所得の合算課税

経済活動基準をクリアしても、①保有割合25％未満の株式の配当、キャピタルゲイン、②受取利子等（営業上生ずる預貯金利子は除く、③特許権や著作権のロイヤリティ所得（自社開発の特許などの使用料は除く）、④デリバティブ損益（ヘッジ目的は除く）、⑤外国為替損益（通常業務上で生ずるものは除く）などが、損益通算などのあと合算課税となります。

ただし、こうした所得がタックス・ヘイブン子会社の税前当期利益の５％以下、または受動所得の金額が２０００万円以下の場合には適用がありません。

ペーパー・カンパニーの実体基準と管理支配基準

図６－４のペーパー・カンパニーは、租税負担率が20％以上30％（27％）未満の外国関係会社に関連します。②実体基準、③管理支配基準のいずれにも該当しないものですが、

どちらかひとつを満たせばペーパー・カンパニーに該当しないことになります。ただし、税務調査時に求められるペーパー・カンパニーではないとの証拠が出せないと、ペーパー・カンパニーと推定されるため注意が必要です。２つとも基準を満たすようにしておいたほうが無難でしょう。

もっとも、２０１７年改正後タックス・ヘイブン税制対策について、どのような場合に経済活動基準が満たされるのかついて判例等が出ていない現在では、その主たる事業を行うに必要と認められるためには、どの程度の固定施設（実体基準）が必要なのか、事業の管理・支配の程度（管理支配基準）について、判断できませんが、参考になるのが前述のシンガポールのレンタルオフィス事件です。

ペーパー・カンパニーには事業基準がありません。従って、持株会社であっても実体基準を満たせば、ペーパー・カンパニーから外れます。しかし持株会社の実体、どのような固定的施設が必要とされるのかについては、判断の難しい点があります。

海外取引をしている企業のタックス・ヘイブン活用法

　ここにあげた海外取引している会社とは、海外から商品を輸入し国内で販売する、あるいは国内から製品を輸出する会社のことを前提にします（図６－５）。

日本に拠点（本店所在地）を置く限り、輸入、販売、輸出で生じる利益はすべて日本で課税されます。そこで次のような子会社をタックス・ヘイブンに作ります（図６－６）。タックス・ヘイブン子会社に会社の利益を移転させ、利益を留保させることにより節税を図るわけです。

　これは日本国内での分社化による法人税の軽減措置を海外で応用したものです。国内での分社化は会社のオーナーであればよくご存じの手法で、例えば、メーカーが販売子会社を設立し２社に利益を分散すれば、法人税の軽減税率（法人税の基本税率は23.2％ですが、資本金１億円以下の会社は年間に８００万円以下の所得には15％）が適用され、節税効果が生まれます。

　前述の例はタックス・ヘイブンをひとつだけ介在させた、もっとも単純な例ですが、複

図6-5　海外取引をしている会社

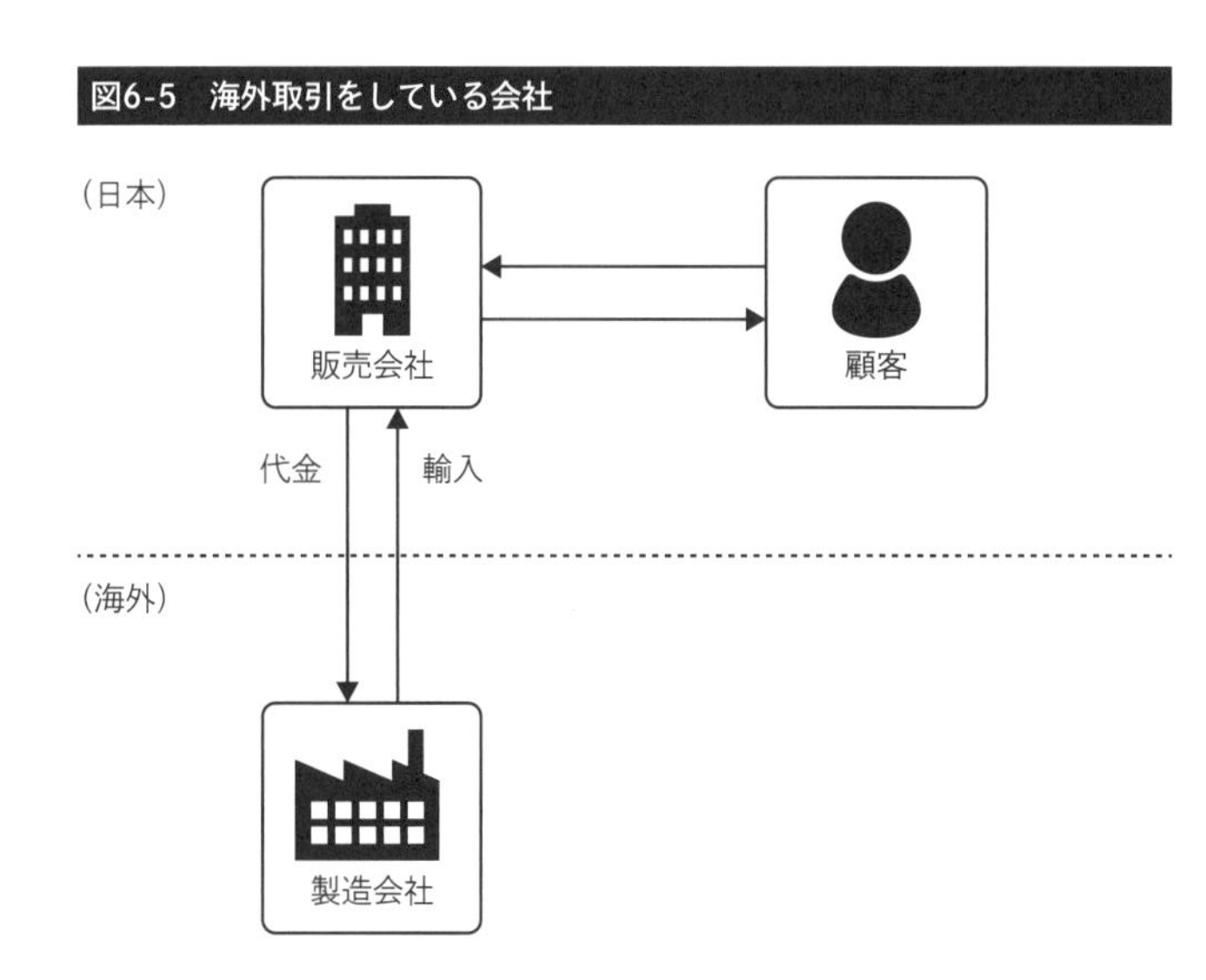

数の国を介在させることでより多くの対策が可能になります。

問屋と委託者によるスキーム

本章冒頭で説明した恒久的施設（ＰＥ）の改正によって、問屋は代理人ＰＥに該当することになりました。この改正はＢＥＰＳ（Base Erosion and Profit Shifting）プロジェクト（多国籍企業による税源浸食と利益移転防止措置）が日本の税法に導入されたものです。

ではこのスキームは全く使えないかというと、必ずしもそうではありません。ＢＥＰＳプロジェクトにより改正されたＯＥＣＤ

図6-6　タックス・ヘイブン子会社への利益移転

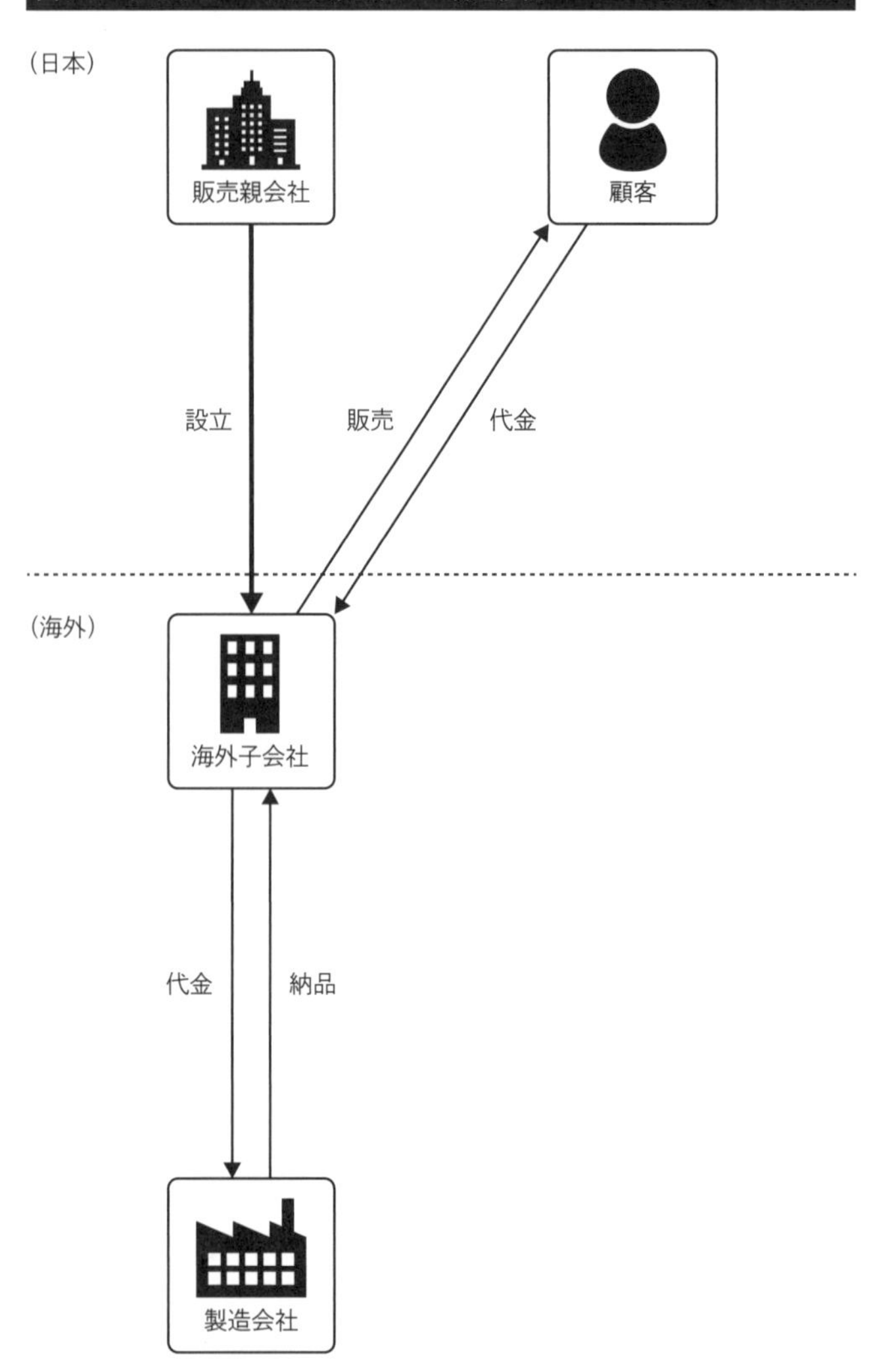

モデル租税条約の該当条項とコメンタリーの変更は、将来的な効力があるだけで、旧ＯＥＣＤモデル条項と同じ代理人ＰＥ条項のある租税条約では、問屋（Commissionaire：コミッショネア）は代理人ＰＥになりません。投資国との二国間の租税条約が改正されるまでは、租税条約が国内法に優先するため、代理人ＰＥにならないと思われます。もっともコミッション料率についての移転価格税制適用リスクはあります。

これを前提にスキームを説明すれば、次の通りです。

通常の販売会社の場合は、商品・製品の仕入・販売でその差額が粗利となります。問屋と委託者のスキームでは、通常、委託者がその親会社などから商品・製品を仕入れて顧客に売るという流れに問屋を介在させます。問屋である会社は委託者やその親会社などと問屋契約を結び、委託者に代わって商品・製品を顧客に販売してその代金を回収し、自社の手数料を差し引いた残額を委託者に送金します（図６－７）。

親会社、委託者、問屋をそれぞれ別の国にある場合や、委託者、問屋が同じ国にあるケースなどによって利用できる税制やそれが適用される条件は異なります。そこで、それぞれの国の有利な税制やＢＥＰＳの規制を考え、スキームを作ることになります。

図6-7　問屋と委託者によるスキーム

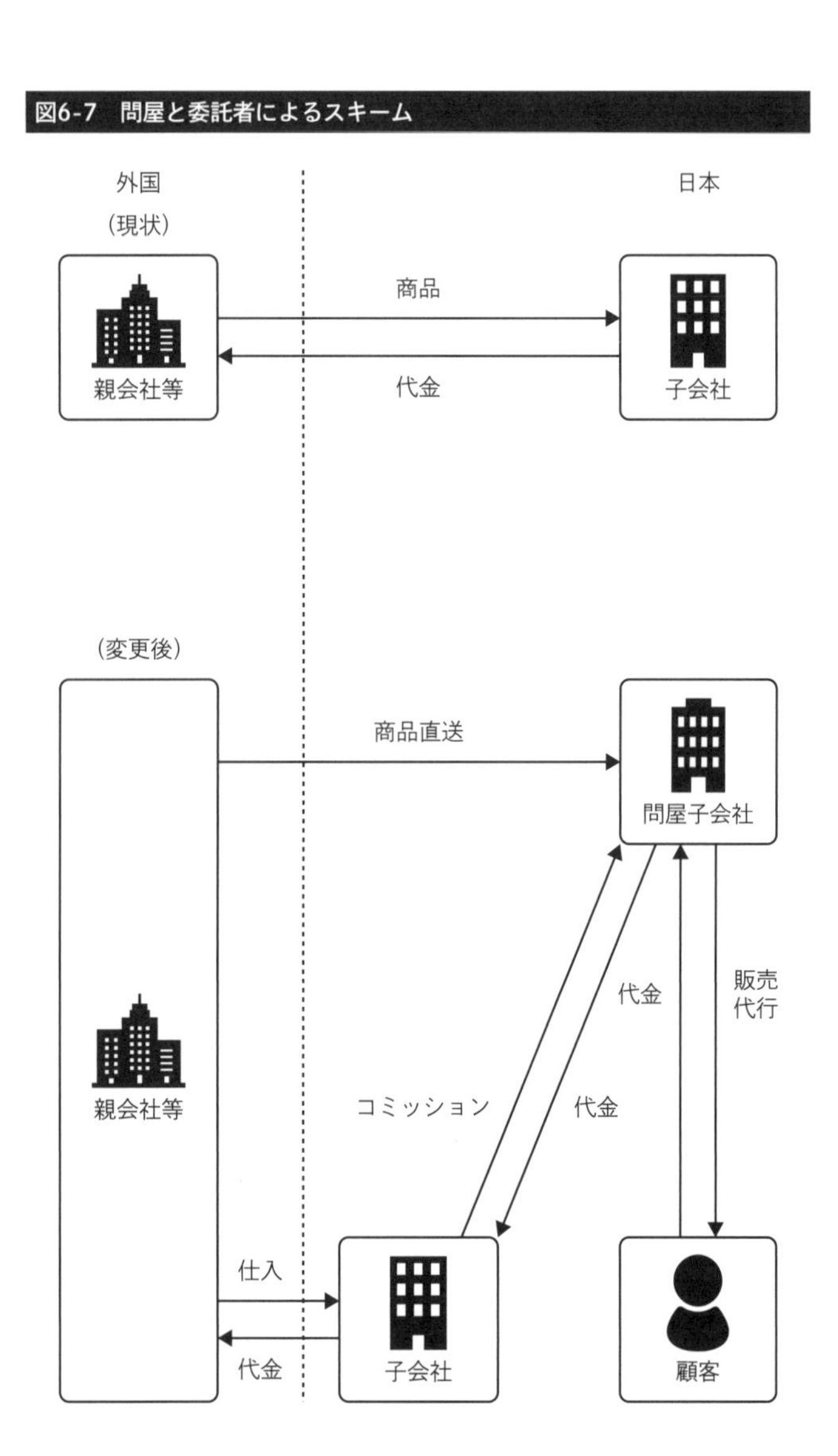

統括会社を設立してタックス・ヘイブン対策税制から外れる

統括会社とは、持株事業会社や卸売事業会社で、次のすべての要件を満たす特定外国子会社等のことです。言ってみれば、海外ミニ本社といった位置づけとなります（図6－8）。その条件は次の3点にまとめられます。

①内国法人等に係る特定外国子会社等で、その内国法人等により発行済株式等の全部を直接又は間接に保有されていること（日本親会社の100％子会社であること）

②2社以上の被統括会社（日本親会社の孫会社）を有し、その被統括会社に対して統括業務を行っていること（統括対象が1社では要件不足）

③所在地国において統括業務に係る固定施設等および統括業務に従事する者（もっぱら統括業務に従事する者であって、その特定外国子会社等の役員及びその親族等を除く）を有すること（企業実体があること）

図6-8　統括会社のスキーム

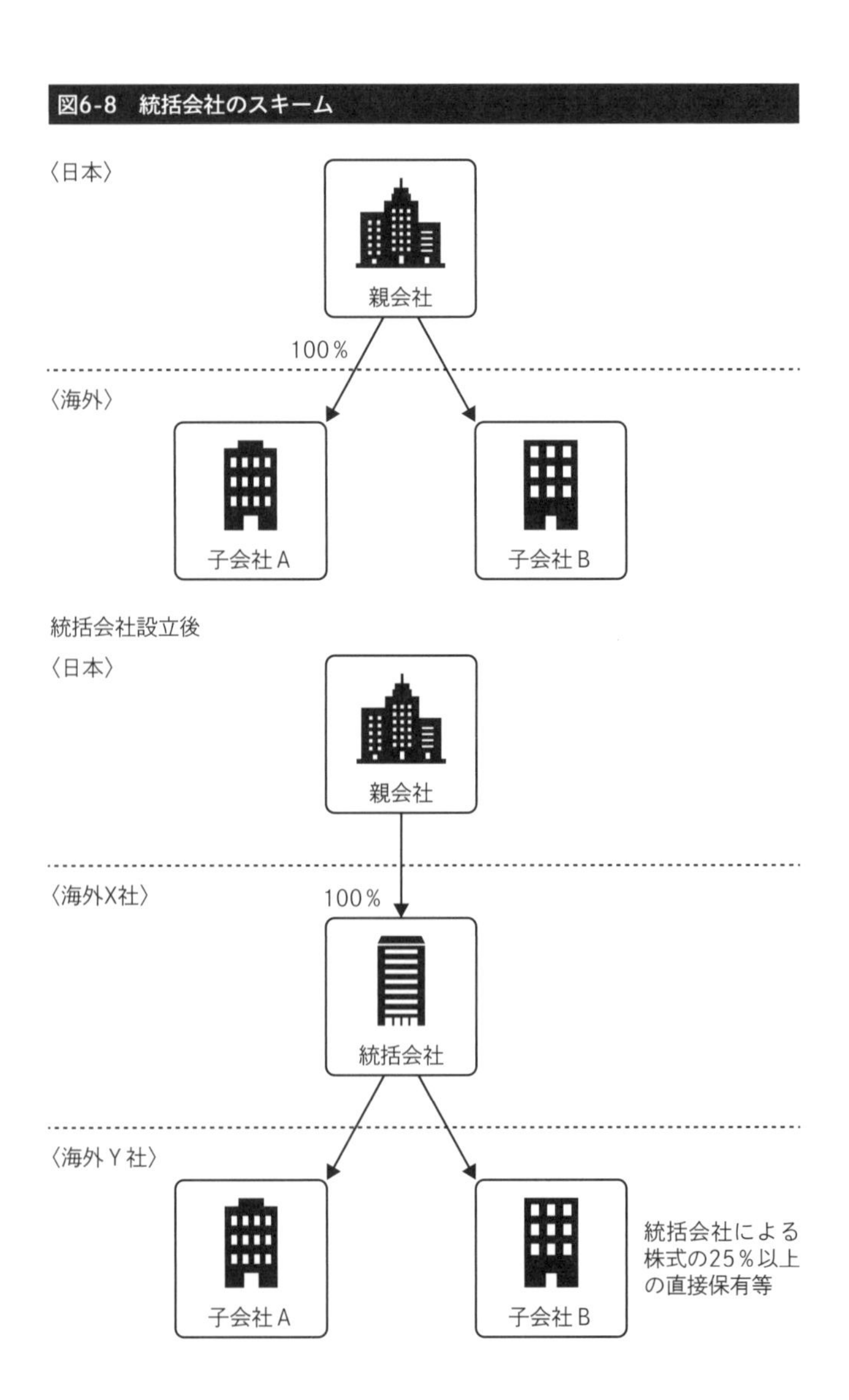

実体のある事業持株会社は他の適用除外基準（資産の内50％以上が非統括会社式価額等）をクリアすれば、また物流（卸）統括会社は非関連者基準の適用時、非統括外国会社取引を除外した上でクリアすれば、それぞれタックス・ヘイブン対策税制から外れます。また配当金の95％非課税も使えます。統括会社にはそうした利点があります。

統括会社の統括業務は、被統括会社の生産・販売等の事業計画の作成・実施、事業方針の策定・指示・調整などの業務です。同時に、それらは統括会社と被統括会社との契約書に基づいた業務である必要があります。

すでに複数の100％外国子会社がある場合に、それらを統括会社の子会社（日本親会社の孫会社）にする方法としては、まず子会社株式を統括会社に売却する方法があります。しかしその場合、譲渡時にキャピタルゲインが発生すれば、事業譲渡類似株式の売却となり租税条約によって子会社所在地国もしくは日本でキャピタルゲイン課税が発生してしまいます。

この事業譲渡類似株式というのは、日本法人の株式の25％以上を所有する株主がその株式を年間5％以上売却した場合をいいます。ちなみに、日本との租税条約では、対シンガポールでは日本に課税権があり、対香港ではこの所有比率とは無関係で、香港サイドが課税権を持つなど一様ではありません。

次に、外国子会社株式を現物出資して統括会社を設立する方法があります。この現物出資が日本の適格現物出資（外国法人の発行済み株式等の総数の25％以上の移転）になれば、日本でのキャピタルゲイン課税の繰延べができます。ただし、子会社所在地国でも課税の繰延べができる現物出資制度の有無を調べる必要があります。

外国子会社からの配当金を95％非課税で受け取る

外国で課税済みの利益から分配される外国子会社からの配当には配当金非課税を利用できます。これはその配当が日本の親会社の所得に合算され、二重に課税されることを防ぐ税制です。

配当金非課税を利用した親会社レベルでもっとも効果的なスキームは、配当への源泉税がなく、かつ法人税率の低い国の外国子会社から配当を受けるパターンとなります。タックス・ヘイブンにある外国子会社からの配当を日本親会社が受け取った場合、その５％は費用とみなされ、残りの95％分についての法人税が非課税となります。ただし、現地で配当にかかる源泉所得税は、日本親会社の損金（経費）になりません。

タックス・ヘイブン子会社を設立し、タックス・ヘイブン対策税制の適用除外規定を満たせば、配当の95％は非課税となるわけです。繰り返しになりますが、この場合でも現地で配当課税される源泉所得税は日本親会社の損金（経費）にはなりませんから、子会社設立にあたってはこの源泉所得税のない、または税率の低いタックス・ヘイブンを選択すべきです。

また外国には、配当金支払いが法人の費用（損金）になる国もあります。例えば、オーストラリアの会社では優先株式の配当が、同国の税務上は一定の条件のもと費用（損金）扱いになります。この優先配当を受け取った日本の親会社は、優先株式の配当が日本の法人税法上で配当と認識できるものであれば、95％分は非課税です。

しかし、税制改正によりこうした費用（損金）扱いとなる配当（オーストラリアに加えブラジルなども同様）の非課税扱いはできなくなっています。

知的財産を効果的に活用したグローバル節税法

次に、特許や実用新案権、ノウハウなどの知的財産権の開発・保有会社で、それに関連した事業を行っている法人のケースを考察します。同種の開発会社にかかわる知的財産権のライセンス収入や売却益についての検討が中心です（図6－9）。

このケースでは、タックス・ヘイブンに知的財産保有会社を設立する方法が有効です。その新設会社に知的財産権をそのまま売却すれば譲渡益に法人税がかかります。課税金額は、譲渡収入－原価（開発研究費＋譲渡費用）となります。開発研究費がすでに経費（損金）処理されていれば、原価は譲渡費用だけになります。

次いで、譲渡価格（時価）をどう計算するかという点が重要になります。2019年度改正により、無形資産の評価は、ディスカウンテッド・キャッシュフロー法：DCF法による、そして評価が難しい無形資産を特定無形資産とし、その譲渡時点の評価額を5年後に評価し直しその価格が当初の価格とのズレが20％以内に収まっていれば、問題はない、となりました。

図6-9　摘要免除基準（収益乖離要件）のイメージ

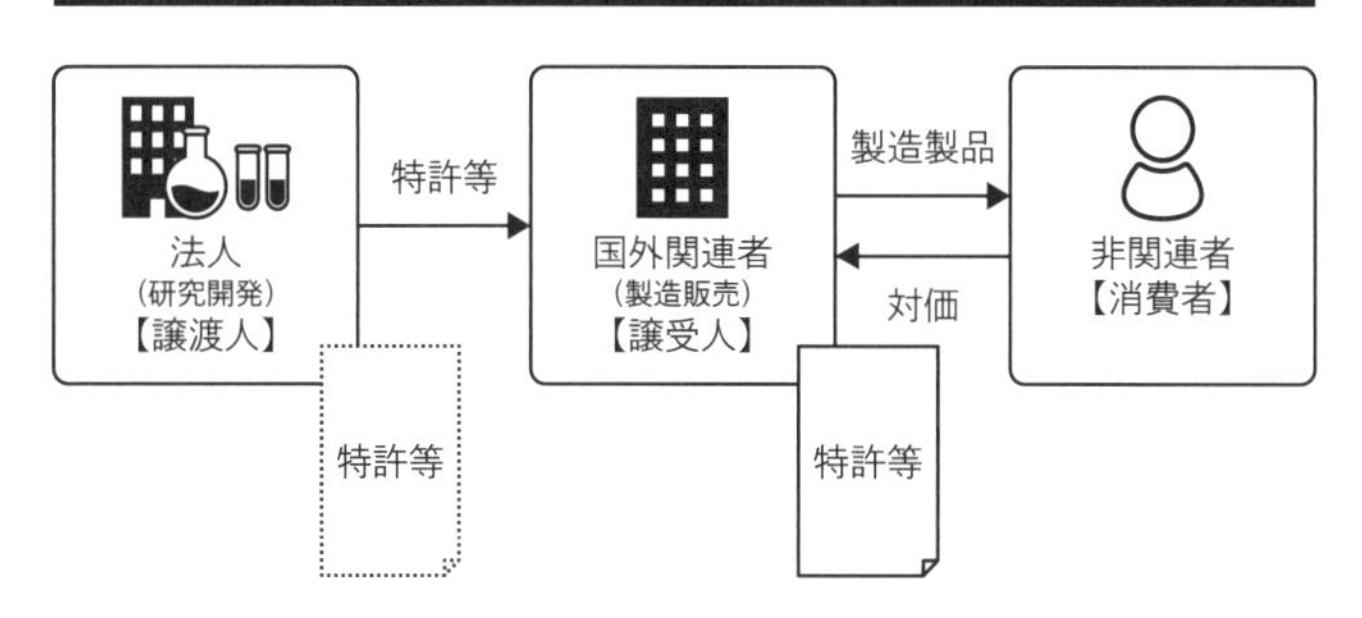

予測利益と実際利益

	X1年（譲渡年）	X2年	X3年	X4年	X5年	X6年	X7年
予測利益	0	100	300	350	350	350	350
実際利益	0	200	300	400	400	400	400

判定期間（5年）：X2年～X6年

適用免除の判定（対価の額の支払を受ける場合の例）

実際利益計　≦　予測利益　×　120％　を満たす場合は適用免除

1,700　≦　1,450　×　120％　➡　適用免除

出所　『令和元年版　改正税法のすべて』

改正前は、例えば開発に要した費用と同程度、または一般に適正と思われる価格で譲渡し、この知的財産権が後々、多額のロイヤリティ収入を生むことになっても、譲渡時点における売却価格さえ適正であれば、後から過去にさかのぼって税務当局が課税するには相当の困難が伴なったのですが、20％という枠ができました。

譲渡ではなく現物出資とする方法もあります。この場合も20％枠がかかりますが、知的財産そのものを資本金の代わりに出資して、子会社を設立する方法です。ただし、これは国外現物出資にあたるので無税（税制適格）にはなりません。時価での譲渡と考えられ、譲渡益には法人税がかかります。

タックス・ヘイブンの知的財産保有会社が日本の会社の外国関係会社であれば、知財保有が主たる業務に該当する場合、タックス・ヘイブン対策税制の経済活動基準の事業基準を満たさないことになり、子会社の留保利益が日本親会社の利益に合算課税されます。

コンテンツ事業の事業基準の充足については、サンリオの訴訟が参考になります。サンリオの香港子会社の2社は「ハローキティ」や「ぐでたま」などのキャラクターを東南アジア各国のマーケットでローカライズし、現地でしかできない事業を展開し、適用除外要件を満たす事業実態があったと主張しましたが、東京地裁（令和3年2月26日判決）、同高裁（令和3年11月24日判決）ともにそれを認めず、タックス・ヘイブン対策税制の適用除外書面の添付がなかったので、除外を受けられないとの国側の課税処分（11億円の追徴課税）を追認しています。

この判決には「著作権の提供」の範囲を非常に広義に解釈しているとの批判が多々ありますが、実務上は十分な注意が必要です。

海外不動産投資のグローバル節税

米国不動産に投資する場合、現地に米国LLCを設立して、そのLLCに不動産を持たせることが一般的です。その理由は、登記移転等のコストや事務負担を避ける観点や、資金調達・リスク管理上の便宜からです。保有機能を有する一定の不動産保有会社を通じて不動産の保有をするわけです。

このLLCとは「Limited Liability Company」の略で、通常は有限責任会社と訳されます。法律上は法人格のある会社、税務上はパートナーシップというハイブリッド（複合的）な組織がLLCの性格です。選択によって法人扱いもでき、その法人自体ではなく、各メンバーに課税されるパートナーシップの扱いも可能という存在です。この選択方式はチェック・ザ・ボックス・ルールと呼ばれています。ただし、日本居住者（法人および個人）がＬＬＣのメンバーの場合、日本の国税庁の見解では米国ＬＬＣは原則として外国法人とされます。

さて、米国ＬＬＣにおいてパートナーシップ税制を選択すれば、マネジメントに参加でき、なおかつ米国の申告では初期の損失を出資者の負担として税金支払いを繰り延べることができます。

ＬＬＣにはメンバー数の制限がありませんし、外国人や外国会社などもメンバーになれ、業務執行にも加われます。またメンバーが１人だけというＬＬＣも可能です。

しかしながら日本の税制においては、ＬＬＣはあくまで法人扱いです。日本の個人はＬＬＣの不動産所得による赤字を他の給与所得と相殺できるメリットが受けられません。

従って、投資の目的は不動産のキャピタルゲインを狙うことが主要目的となります。ただしその場合も、日本でまず不動産投資会社を設立し、その上で米国に１００％子会社のＬＬＣを作るか、米国にＬＬＣ以外の会社（Ｃコープといいます）を設立し、その傘下に投資物件ごとのＬＬＣを作ることが一般的です。

前者のケースでは、米国ＬＬＣがその不動差を売却して譲渡益を得た時点で米国での法人税を納めます。その後、ＬＣＣが解散し残った利益を日本の親会社へ送金する際には米国の源泉所得税は不要です。また親会社の受け取る清算配当は95％非課税の対象となります。

後者の場合は傘下のＬＬＣが法人を選択すれば米国Ｃコープを親会社とする連結納税制度（議決権株式・株式総価値の80％以上の所有）の適用が受けられ、米国法人税の節税が可能となります。

不動産を保有するだけの外国子会社については、タックス・ヘイブン対策税制のペーパー・カンパニーの範囲から除外されます。除外される対象は図６－10になります。要は、実体のある不動産業を行う子会社があり、その傘下に不動産を保有するだけの会社をぶら下げて管理支配するというものです。

また米国等の現地で連結納税を行う場合についても改正がありました。

（②不動産保有に係る一定の外国関係会社）

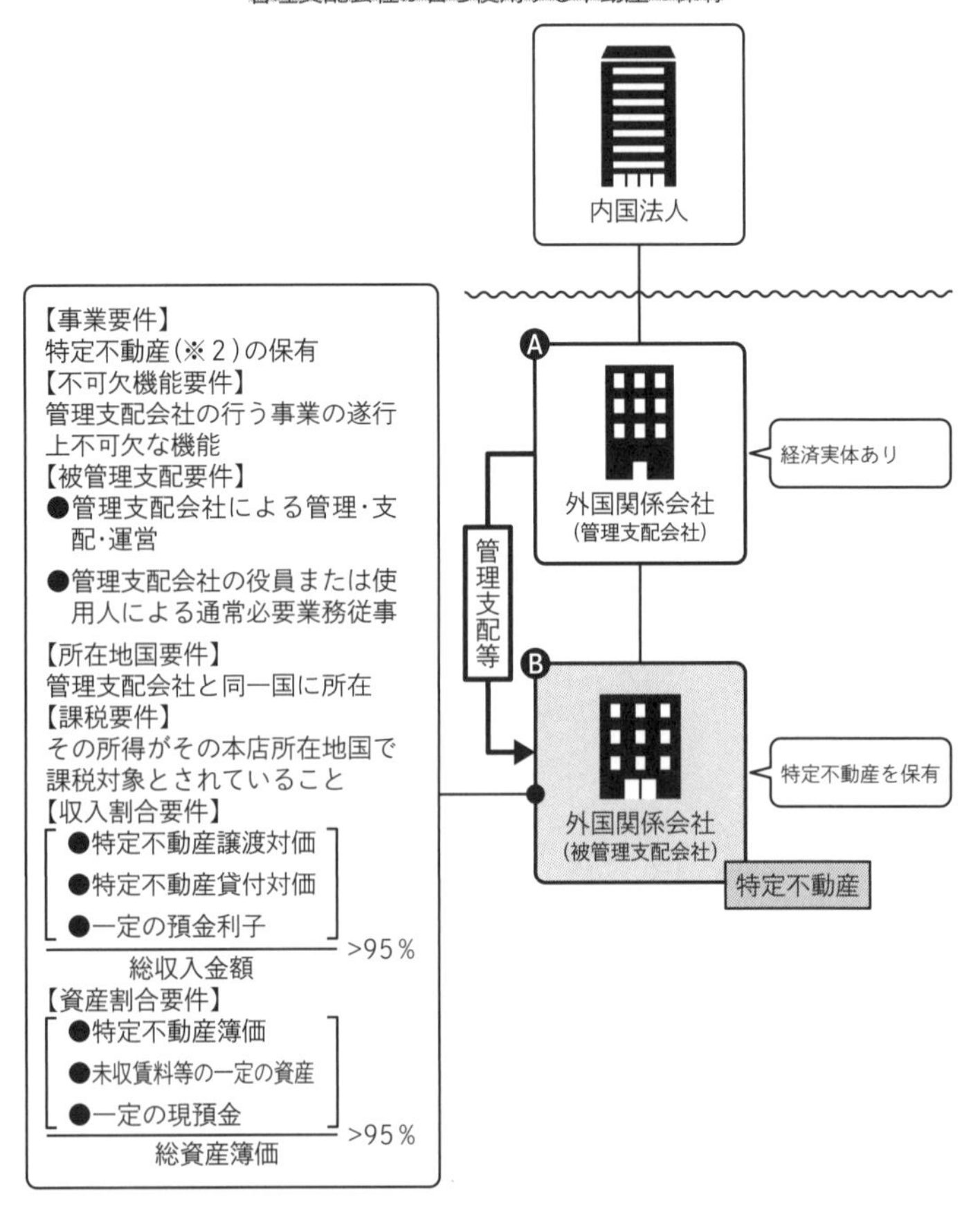

※２ 同一国所在不動産で管理支配会社が自ら使用するもの

図6-10　ペーパー・カンパニーの範囲から除外される一定の外国関係会社

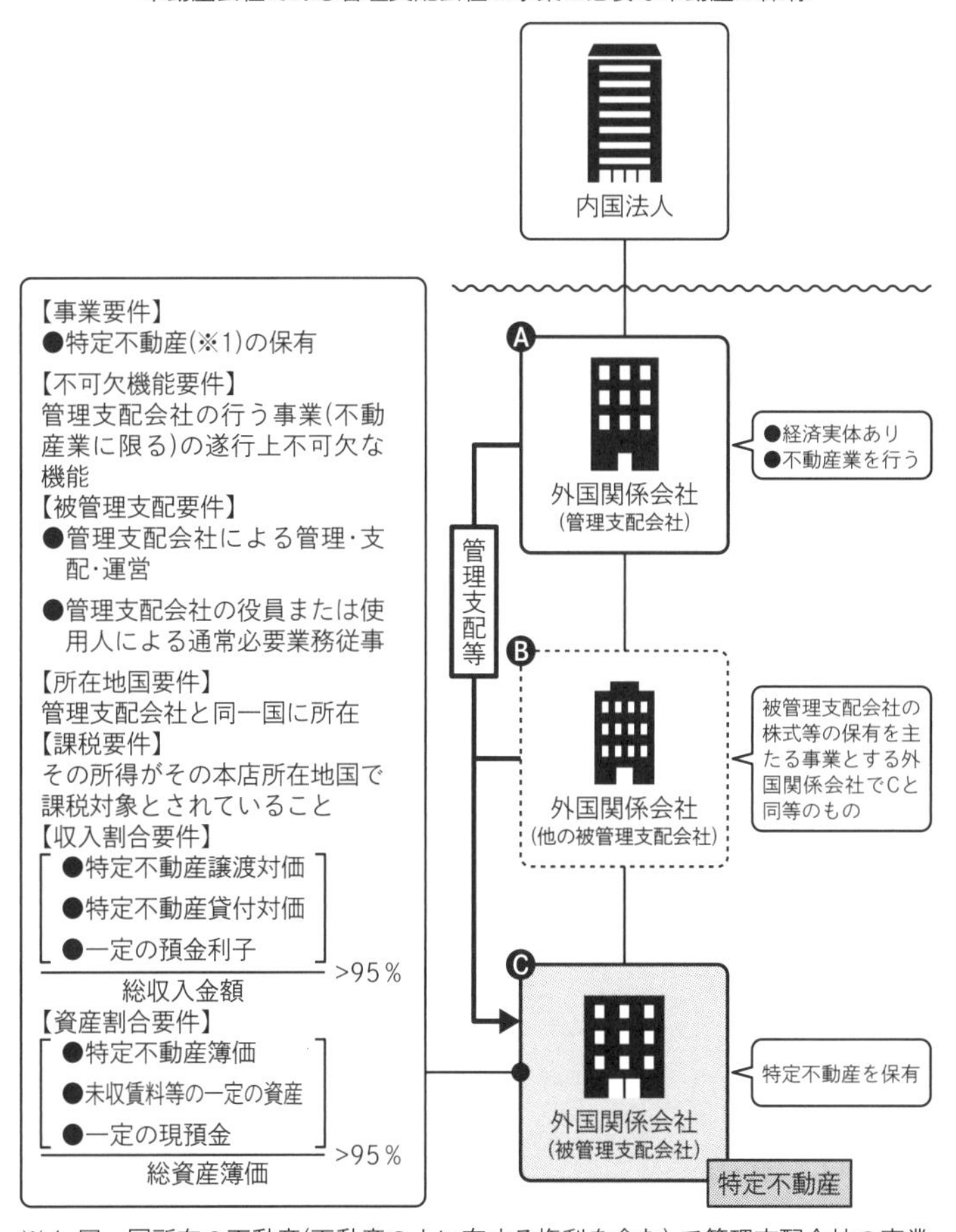

※1 同一国所在の不動産(不動産の上に存する権利を含む) で管理支配会社の事業の遂行上欠くことのできないもの。

出所 『令和元年版 改正税法のすべて』

第7章

個人もできるグローバル節税

個人のグローバル節税

増加する家計の外貨建て資産

日銀が２０２３年６月に発表した23年１‐３月期資金循環統計によると、「２０２３年３月末の個人金融資産残高は、前年比21兆円増（１・１％増）の２０４３兆円となった。過去最高であった昨年末の水準を上回り、２四半期連続で過去最高を更新した。年間で見た場合、世界的な金融引き締めに伴う海外株の下落等を背景に時価変動の影響がマイナス０・３兆円（うち国内株式等がプラス５兆円、投資信託がマイナス５兆円）と冴えなかったものの、資金の流入が22兆円あり、個人金融資産残高の増加に寄与した。

四半期ベースで見ると、個人金融資産は前期末（昨年12月末）比で４兆円増と２四半期連続で増加した。例年、１‐３月期は一般的な賞与支給月を含まないことから資金の純流

図7-1　個人が保有する外貨建て資産の割合

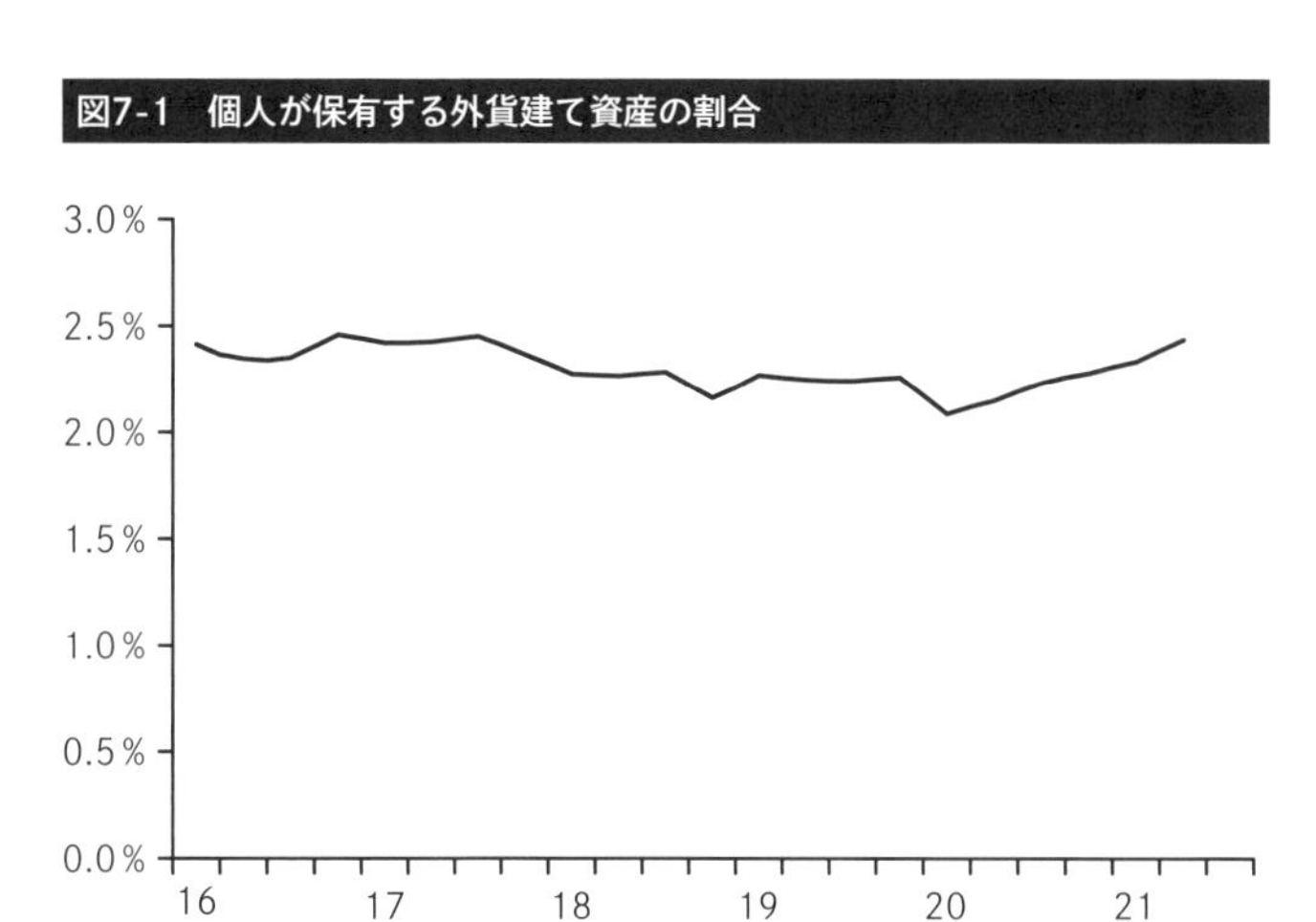

出所　日本銀行等より野村資本市場研究所推定

出となる傾向があり、今回も13兆円の純流出があった。一方、この間に景気回復期待などから株価が上昇し、円相場も若干円安に振れたことで、時価変動の影響がプラス17兆円（うち国内株式等がプラス12兆円、投資信託がプラス3兆円）発生し、資産残高を押し上げた。（ニッセイ基礎研究所経済・金融フラッシュ　2023‐06‐27より）」

個人が保有する外貨建資産残高（外貨建投資信託、外貨建対外証券投資、外貨預金の合計）は、2021年9月末時点で、図7－1にあるように、個人金融資産に占める割合が2・4%と推定され（野村資本市場クオータリー2022年冬号、個人金融資産動向：２０２1年第3四半期）、２０２3兆円の2・4％は48兆円ほどの額になります。

安全志向が強固な日本人ですが、外貨預金は日本の銀行や外国銀行の日本支店で預金できますし、リスクがある外貨建て投資信託も日本の証券会社で購入が可能です。

しかし、税務上の観点からみれば、このような日本国内にある外貨預金、外貨建て投資信託への課税方法と、日本以外の外国銀行口座にある預金や外国証券会社の管理口座にある外貨建て投資信託では課税方法が変わってきます。

もちろん日本の税務上の非居住者なら、海外で金融商品に投資していれば日本での所得税はかかりません。


以後では、個人の税金について、国際税務の観点からの基本点を押さえていきます。個人に課税される税金は、大別して所得税と相続税とに分けられますので、それぞれについての課税根拠について解説していきます。

個人の所得税の課税根拠とは何か？

個人の所得税の場合、所得税法上の「居住形態」で税金のかかり方が違います。
おさらいになりますが、簡単に言えば、

1 日本に住所があるかもしくは居所を持っているか
2 日本に何年間住んでいるか

という2点になります。これにより日本に住む個人は、税法上の「居住者」か「非居住者」に分類されます。また「居住者」はさらに「永住者」と「非永住者」とに分類されます。

「住所」は、「個人の生活の本拠」をいい、「生活の本拠」かどうかは「客観的事実によって判定する」ことになります。「居所」は、「その人の生活の本拠ではないが、その人が現実に居住している場所」とされています。

このうち「居住者」には日本に1年以上住む人および日本に1年以上住む予定で入国する外国人が入ります。また「居住者」の2分類は、「永住者」が日本で生まれ居住する日本国籍のある人と、国籍とは無関係に過去10年間で5年以上日本に居住していた人、「非永住者」とは、日本の国籍を持たず、過去10年で日本に居住していた期間が5年未満の人です。

残りに分類される「非居住者」とは、日本に1年未満居住する人と外国に住む外国の人です（第4章図4－3）。

日本で税金がかかった非居住外国人は、原理的には本国でもその国の居住者として課税される二重課税状態となってしまいます。そこで日本では、非居住者として日本で得た所得のみに課税される措置がとられています。ただし、日本で得た所得に対しても本国で課税されることに変わりはありません。その種の二重課税の調整を行うために国家間で取り交わされるのが「租税条約」です。つまり租税条約は、個人が課税で不利にならないための役割も持っています。我が国が締結している租税条約の一例ですが、個人については、①恒久的住居の場所、②利害関係の中心がある場所、③常用の住居の場所、④国籍の順、で判定し、どちらの国の「居住者」となるかを決めます。

実際、税金がかけられる所得の範囲は、居住形態によって異なります。永住者である居住者は、日本国内で発生した所得、海外で発生した所得で日本に送金されたものもしくは現金等で持ち込んだものを含む、全世界で発生した所得に課税されます。

一方、非居住者については、2017年の税制改正により外国法人と同じように、「非居住者等」の収入がどの種類の「国内源泉所得」に該当するか、国内に「恒久的施設」を有するかどうか、さらに「国内源泉所得」が「恒久的施設に帰せられる所得」かどうかを確認することが必要です。

このような税法上の規定を踏まえて考えると、税金の安い外国の居住者になれば、単純に税金が安くなることがわかります。ただし、日本国内で発生した所得の源泉をそのまま日本に残したり、恒久的施設があったりすると、たとえ外国居住者となっても日本で課税されてしまいます。

つまり、日本での不動産収入や株式の配当収入、日本の銀行に預金があるといった分かりやすいケースでは、外国居住である非居住者であっても日本の課税対象となります。配当、預金利子は源泉徴収の対象となりますが、租税条約で減免される場合もあります。しかし、不動産の賃料所得や譲渡所得については、日本で確定申告しなければなりません。

個人が日本での所得税の課税対象から外れるには、日本国内で発生したとみなされる所得の源泉を変えなければなりません。日本に生活の本拠を持たない、居所や恒久的施設を持たない非居住者となり、なおかつ所得の源泉を変えるという2条件がそろえば、日本では一切税金がかからなくなります。ただし、出国税のハードルはあります。

個人の海外金融商品投資には、どのように課税されるのか？

具体的な海外金融商品へ日本居住者が投資した場合の、個人の税金と節税策や課税の繰り延べについてまとめてみます。日本と投資対象国との租税条約が影響してきます。

1 外貨預金の利子

日本国内での預金で邦銀または外銀日本支店に預けたとき

源泉分離課税の対象になります。所得税および復興特別所得税（以下所得税等）が15・315％、地方税が5％となります。外貨による利子収入や源泉税はＴＴＭ（図7-2）で円貨計算します。

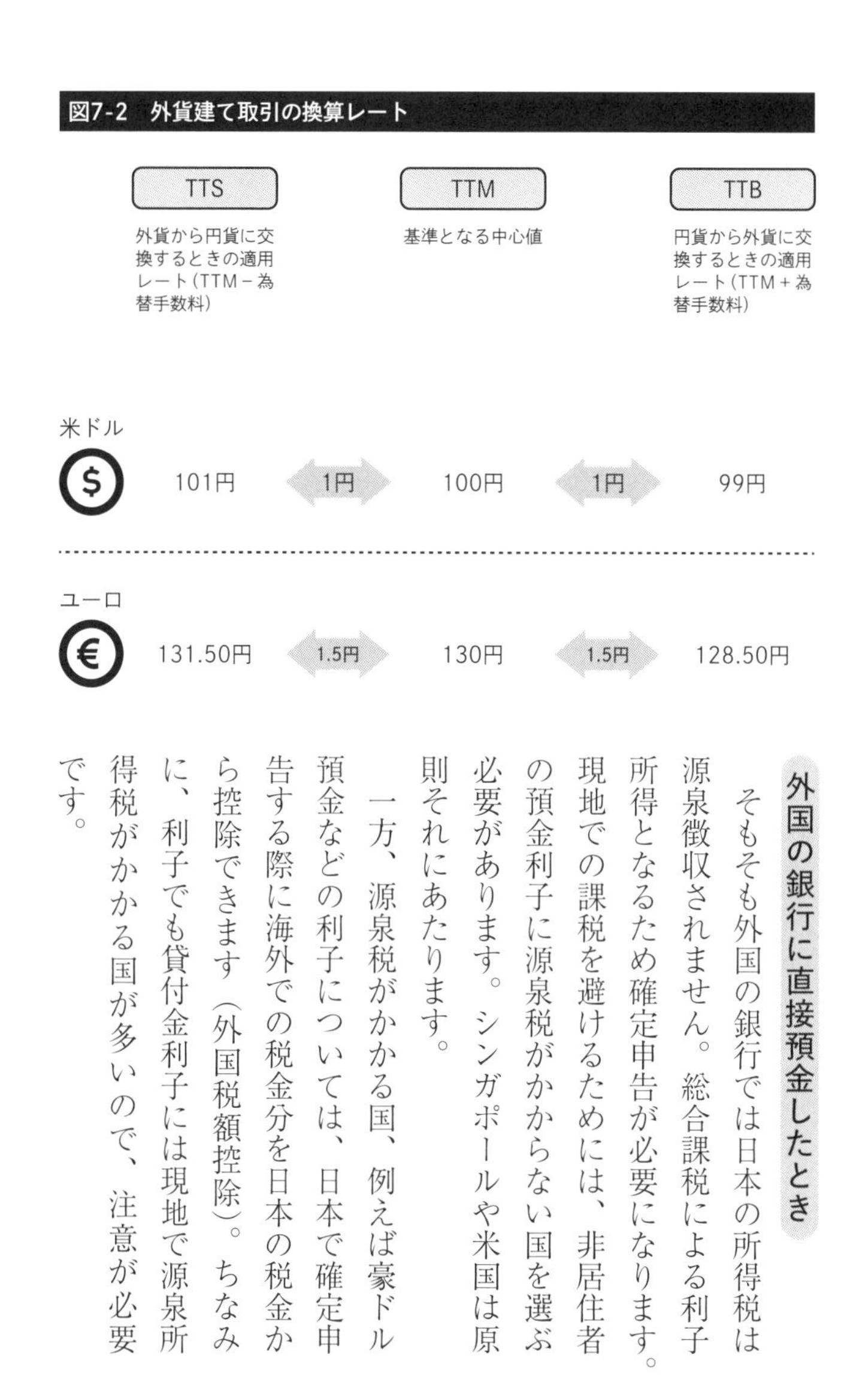

外国の銀行に直接預金したとき

そもそも外国の銀行では日本の所得税は源泉徴収されません。総合課税による利子所得となるため確定申告が必要になります。現地での課税を避けるためには、非居住者の預金利子に源泉税がかからない国を選ぶ必要があります。シンガポールや米国は原則それにあたります。

一方、源泉税がかかる国、例えば豪ドル預金などの利子については、日本で確定申告する際に海外での税金分を日本の税金から控除できます（外国税額控除）。ちなみに、利子でも貸付金利子には現地で源泉所得税がかかる国が多いので、注意が必要です。

満期を迎えた定期預金を預け替えする際、例えば、当初1USドル＝100円だったものが140円になっていても、同じUSドル建て預金のままであれば、元本についての為替差益を所得計上する必要はありません。しかしながら他の外国通貨に預け替えする場合は、為替差益の所得計上が必要です（図7－3）。

2 外国株式の配当金

外国株式の配当金は、①日本の証券会社の口座で受け取るものと、②外国証券会社の国外口座で受け取るものとで、税金のかかり方が変わります。

①では、外国上場株式の配当なら、現地の源泉所得税を引いたあとの金額から20.315％の源泉徴収がされ、総合課税、申告分離、申告不要のうちいずれかを選択できます。外国税額控除を受けるためには、総合課税、申告分離のどちらかになりますが、配当控除は受けられません。

②は、外国上場株式の配当なら総合課税か申告分離課税を選択することになります。また、外国非上場株式の配当は、原則総合課税です。外国税額控除も受けられます。確定申告時の外貨の配当金はTTMで換算します。配当控除は受けられません。

図7-3　為替差損益の認識の要否

外貨建て取引においては、取引の都度為替換算を行い為替差損益を認識するのが原 則である（所法57の3）が、その具体的な事例は以下のとおりである。

事例	事例の内容	為替差損益の認識の要否
❶ 外貨預金の預け替え	A銀行に預け入れていた外貨建て定期預金を満期日に全額払い出し、元本部分を同日、同じ通貨でB銀行に預金した場合	不要
❷ 他の金融商品への投資	米ドル建て預金を払出し、その全額を外貨建て MMF（米ドル建公社債投資信託）に投資した場合	必要
❸ 貸付用不動産の購入	米ドル建て預金を払出し、その一部をもって米国内にある貸付用物件を購入した場合（残額については引き続き米ドルで保有）	物件購入費用部分につき必要
❹ 他通貨への交換	現金(円)を米ドルに交換し、さらにユーロに交換した場合における、ユーロへの交換時	必要

出典　『所得税・住民税ガイドブック』(財)大蔵財務協会

現地の源泉所得税は、租税条約で10％から15％の税率ですが、親子関係などにある会社間の配当では、50％以上保有の子会社配当は、米・蘭・スイスなら免税、イギリス・スウェーデン・デンマーク・ベルギーは10％以上で、免税です。

3 外国株式の譲渡益

外国証券会社の国外口座にある外国株式は、上場株式・未上場株式にかかわらずその譲渡益は、所得税等15.315％と住民税5％の合計20.315％の申告分離課税です。日本の証券会社の口座にある外国株式も同じ扱いです。外国為替での換算については、購入時はＴＴＳ、売却時はＴＴＢとなります。

現地での譲渡益課税は租税条約で減免される場合があります。また特殊な例として、事業譲渡類似の株式譲渡（簡単にいうと、25％以上の保有株式のうち年間5％以上売却すること）にあたると、租税条約によって現地課税されるのが英・仏・豪・シンガポールなどです。アイルランドは免税です。

4 外国債券（公社債）の利子課税

国内の証券会社等を通じて受け取った利子

外国公社債（特定公社債該当）は、外国源泉所得税の控除後の金額について、20・315％の申告分離課税です。源泉徴収のみで課税を終わらせることもできます。特定公社債は、国債、地方債、外国の国・地方債、上場公社債、公募公社債などをいいます。外貨による利子収入や源泉税はTTMで円換算します。

外国証券会社等の国外口座で受け取った利子

確定申告が必要で、20・315％の申告分離課税です。国内証券会社を通じて売買する上場株式等の譲渡損失とも損益通算ができます。外国での所得税は外国税額控除の適用が受けられます。

外国税金がないケースには、例えば米国財務省証券の利息があります。米国からみて非居住外国人が受け取る場合には、米国での源泉所得税はかかりません。そのためにはW－8BEN－Eというフォームを証券会社などに出す必要があります。また1042－Sという書類も米国IRS（内国歳入庁）に提出が義務付けられています。米国財務省証券の利息の日本での課税は、20・315%の申告分離課税か源泉分離課税です。

ちなみに、米国の州債の利子は、その州に居住する米国居住者や米国法人が受け取る場合、税金は免除となります。日本の居住者はそもそも購入ができませんが、州債投資目的だけのペーパーカンパニーの米国法人経由で非課税利子を受け取る場合は、適用除外にならない限り、タックス・ヘイブン対策税制の適用になります。

5 外国債券（公社債）の売却・償還益

特定公社債にあたる米国債などの売却益は譲渡所得として、20・315%の申告分離課税になります。証券会社の特定口座で源泉徴収されていれば、申告不要です。

外国公社債の償還益はみなし譲渡益になり、譲渡所得として、20・315%の申告分離課税になります。外国為替での換算については、購入時はTTS、売却・償還時はTTBとなります。

現地での譲渡益や償還益への課税は、租税条約により米英などはありません。

6 国外不動産からの賃貸収入

総合課税の不動産所得として課税されます。国内不動産の賃貸所得と同じ課税方法となります。例えば米国の賃貸不動産を購入した場合であれば、家賃はＵＳドル、不動産そのものもＵＳドルでの購入ですから、ＵＳドル建ての不動産所得は、不動産収入と経費は原則、ＴＴＭで換算します。減価償却は建物の取得日ＴＴＢレートで計算し、借入金の金利や建物の保険料などは発生日のＴＴＳで換算します。

米国の賃貸不動産の米国での不動産所得の申告については、日本居住者は米国からみて非居住者ですから、賃料の30％の源泉税徴収で課税が終了するか、日本と同じように確定申告するかのどちらかを選択できます。通常は、確定申告のほうが有利です。申告すれば、すでに支払った源泉税と最終所得税が精算されます。米国で納めた所得税は、日本で不動産所得を申告し納税する際に控除されます。

米国の中古不動産であれば、木造の築60～70年でも十分に賃貸に出せる物件があります。また日本と違って、建物の価格割合が物件の約80％を占めます。日本の税法の減価償却の耐用年数は、こうした中古建物の場合は年数が短縮され、木造住宅建物なら4年、レンガ・石造なら7年になります。ただし、米国納税申告での建物の耐用年数は中古・新築にかからず27・5年で計算します。従って、減価償却費が多く計上され、日本での不動産所得は損失となり、他の総合課税の所得、例えば給与や総合課税の配当所得と損益通算され所得税の還付が受けられました。受けられた、というのは、税制改正により2021年以降の個人の不動産所得の確定申告では、国外中古建物の償却費計上（簡便法など）での損失が取れなくなったからです。もっとも単純な一物件のみの例を見ます。

家賃収入3000万円─減価償却費4000万円─その他経費1500万円＝損失1500万円

このケースでは、1500万円の損失がなかったものとされます。
ただし、法人所有の国外中古建物は適用除外です。

7 国外不動産の譲渡益

これも日本国内の不動産の売却と同じように課税対象になります。取得した日以後5年以内の譲渡は短期譲渡になり、譲渡益の税率は39・63％です。5年超の場合は長期譲渡になり、税率は20・315%となります。

　売却額と買入額はそれぞれTTMで換算します。円安または円高になってから不動産を譲渡すれば為替差損益が出ますが、その差損益はすべて譲渡所得に含めてよく、区分する必要はありません。

　賃貸不動産と同じように、米国の不動産であれば米国で所得申告を行わなければなりません。米国税法では、非居住者が米国不動産を売った場合、売却額の10%の源泉税が徴収されます。この税金も米国で所得の申告時にすでに支払った源泉税と最終の所得税分が精算されます。

　不動産の譲渡益は通常その不動産の所在地国に課税権がありますので、外国人投資家は現地で譲渡益の納税申告が必要となります。

　不動産を海外の会社を通じて保有するケースもあります。不動産を売却する場合は、その会社の株式を売ることになります。会社の資産価値50%以上が条約相手国にある不動産によって成り立つ場合には、その会社の株式譲渡益は現地で課税される場合があります。ただし、課税は当該国との租税条約により、アイルランド、イタリア、インドネシアなどは、現地での課税がなく、日本での課税となります。

8 暗号資産（仮想通貨）

暗号資産取引により生じた利益は、所得税の課税対象になり、原則として雑所得に区分されます。その暗号資産取引自体が事業と認められるような場合は、事業所得となります。換算レートについては「暗号資産に関する税務上の取扱いについて（FAQ）国税庁令和3年12月」には記述がなく、外国株式・公社債と同じように考えれば、購入時はTTS、売却・償還時はTTBとなると思われます。申告時に税務署に確認が必要です。

暗号資産の取引は海外が主で、外国資産の保有と思われがちですが、現行税制上は、保有している個人の居住地で内外判定されるため、日本の居住者（永住者）が保有しているのなら国内資産となります。

従って、5000万円超の海外資産がある場合の国外財産調書への記載の義務がありません。しかし、財産債務調書の提出義務者の見直しがあり、今までは年間所得2000万円超かつ3億円の資産保有者が提出義務者でしたが、財産の価額の合計額が10億円以上である居住者も提出義務者となり、2024年以降の財産債務調書について適用されることになりました。

暗号資産は、現時点は、出国税の対象外となっています。

知らないと損するグローバル税務の相続・贈与

日本の相続税等の課税対象者は誰か？

日本の相続税の国際的側面について簡単に説明します。

本章で最初に説明しました所得税では、「居住者」と「非居住者」とに分かれますが、相続税法の場合では（第4章図4－10）にあるように、非常に複雑になっています。改正が重なったことがその理由ですが、ポイントは、相続税のかかる財産が、国内財産のみに限定されるのか、国内だけでなく国外財産にもかかるのかです。

国内・国外財産に相続税がかかる者は、「居住無制限納税義務者」と「非居住無制限納税義務者」になります。国外財産のみに相続税がかかる者は、「居住制限納税義務者」と「非居住制限納税義務者」です。

改正については、贈与者と受贈者の双方が5年超国外に居住してから国外財産を贈与する節税策に対して、国内に住所を有していない期間の基準を「5年以内」から「10年以内」に延長されました。海外で生まれて日本国籍を取らなかった子供を、一時的に国外に住所を移したうえでの国外財産の贈与についても、日本の住所・国籍がない個人が、過去10年以内に日本に居住していた個人から、相続等により取得した国外財産が課税対象となりました。

現在の相続税法では、海外財産の贈与や相続に関わる相続人と被相続人などがともに10年以上海外に住んでいなければ、相続財産が海外にあり相続人がその国に居住している場合でも、日本で相続税や贈与税がかかることになります。

外国人の相続税等

外国人については、一時的に日本に住所がある外国人同士の相続では、国外財産（本国の自宅等）への日本の相続税はなくなり、外国人が出国後に行った相続・贈与についても、被相続人が日本国内に居住していた期間にかかわらず、日本国外財産への課税はなくなりました。ただし、日本に長期間（10年超）居住した外国人の出国後の贈与については、出国から2年以内に再び日本に住所を戻した場合には、国外財産には贈与税がかかります。

財産の所在地はどこまでが相続税の課税対象になるのか?

相続税法第10条では、日本に財産があるとみなされる条件が規定されています。

例えば不動産の所在地では、日本に不動産があれば当然、日本国内に相続税がかかる財産があるとみなされます。また日本の銀行の支店、もしくは外国銀行の日本の支店に預貯金がある場合も、日本に財産があるとみなされます。同じように貸付金の債務者が日本国内に本店登記している企業や日本に住む個人である場合は、その貸付金も日本国内の財産とみなされ、日本国の課税対象となります。

有価証券に関しても日本国内に本店を設立登記している会社の持つ株式は、すべて日本国内にある財産とみなされます。こうした点は第4章図4－11を参照してください。

海外資産管理会社を設立して、個人財産を防衛する

個人財産を管理するために海外に資産管理会社を設立することもあります。日本でもオーナー型の上場企業の社長が上場自社株式を資産管理会社に移転している例もあります。

この資産管理会社のメリットには、相続によって会社への議決権が分散することを防げ、また上場株式の含み益について、資産管理会社の株式の評価の際37％圧縮できることなどがあげられます。また、オーナーファミリーが資産管理会社の役員になれば、ファミリーへの給与支払いで会社の収入を分散できる、などの点もあります。また会社からの配当も、受取配当金の益金不算入によって、持ち株比率5％以下：20％、3分の1以下：50％、3分の1超：100％の割合で非課税になります。

こうしたメリットは、実際は海外資産管理会社の設立だけではすべて達成できません。もっとも最後の点については、オランダ持株会社を設立することが非常に有効でした。

オランダの持株会社は、一定の要件を満たした株式所有から生まれる現金配当、現物配当、みなし配当や株式キャピタルゲイン等について、法人税が免税されています。その要

件を簡単にいえば、①5％以上の株式保有と、②株式が投資目的の保有でないことの2つですが、②が満たされない場合でも、③子会社の投資目的保有株式が資産の50％を超えないか、④50％を超えても子会社のある国で10％以上の法人税率（オランダ税制での計算）で課税されていれば、要件はかないます。

こうした制度を資本参加免税といいますが、オランダ以外にもベルギー、ルクセンブルグ、オーストリア、スペインなどにも同様の制度があります。

しかし、2017年改正タックス・ヘイブン対策税制により、オランダ持株会社がペーパーカンパニー等に該当する場合には、同税制が適用されます。オランダ持株会社の所得が配当だけでも、その留保所得と株主個人の所得との合算課税になります（持株割合25％以上、6カ月以上保有株式からの配当を除きます）。また改正前から、オランダ持株会社が関係会社株式を譲渡してキャピタルゲインが出た場合には、現地で免税のためタックス・ヘイブン対策税制が適用されています。

対策としては、①オランダ持株会社に実体基準や管理支配基準を満たすようにする、②オランダから租税負担率が30％（27％以上、2024年4月1日以降）以上でかつ資本参加免税制度のある国に移転する、③ペーパーカンパニー等でなければ、関係会社株式譲渡時のキャピタルゲインに20％以上税負担率がある国に持株会社を移管する、があげられます。

また、オランダ以外の国に持株会社がある場合の対策では、例えばシンガポール、香港などの持株会社の場合、持株会社が実体基準や管理支配基準を満たし、ペーパーカンパニーから外れ、かつ租税負担率を20％以上にするため、持株会社の支店を税負担率20％以上の国、近くのタイ、マレーシア、インドネシアなどに、日本でも可能です、設置して事業活動、例えば不動産投資などをすることが考えられます。本・支店合算の税負担率で20％以上が判断されるからです。

しかし、ペーパーカンパニーには事業基準はありませんが、実体基準を満たすためには、収入や所得金額、使用人数、固定施設も状況などからみて、株式保有業ではなく不動産事業（持株会社所在地国の不動産事業）が「主たる事業」になっている必要があると思います。持株会社の実体、つまりどの程度まで持株事業の物理的な固定的施設を持ったらよいのか、税務上難しい点があるからです。

不動産管理会社を使ったグローバル節税

国内および国外に多数の不動産を所有する個人が不動産管理会社を持っている場合について考えます。

不動産管理会社の株式（出資）は、将来価値が上がることが見込まれるため、不動産所有者の子供や孫にも設立のときから出資持分を持たせておく場合があります。

オーナー個人所有の不動産を資産管理会社に譲渡し、会社の資産としますが、譲渡益が出れば所得税の対象ですので、なるべく含み益のない不動産を売却することになります。または、含み損のある不動産と併せて売却すれば、損益通算で譲渡益はゼロになります。買入側の会社には、不動産取得税や登録免許税がかかります。

株主である相続人の子供が香港やアイルランド、インドネシア、フィンランドなどに、日本の出国税が課税されなく移住できれば、不動産保有会社の株式等を現地で現物出資して新会社を設立すると、日本の不動産保有会社は外国会社の子会社となります。

海外の税制では現物出資は一般に非課税ですが、日本の会社株式の個人による現物出資は、日本の税務上は売却になるため、日本でその譲渡益に課税されます。しかし、香港との租税条約では、不動産保有会社の資産のうち、日本国内の土地・建物等の不動産が50％未満であれば、課税は香港で行われることになります。不動産でも日本以外のものなら、この規定は考慮外です。また、アイルランドやフィンランドとの租税条約では、不動産保有会社の株式についてのこうした規定がなく、日本ではなくアイルランド、フィンランドで課税されることになっています。

第8章

租税回避のパラダイスも!? タックス・ヘイブンとは

経営者、富裕層が大注目のタックス・ヘイブン

タックス・ヘイブンとは何か

その実際の定義に国際的に統一されたものがあるわけではありません。一般的には、タックス・ヘイブンとはその税金面での特徴から

a　無税国
b　低税率国
c　租税特典国
d　国外所得非課税

と大きく4つに分けられます。

もっとも、2001年以降のOECDの報告書では、税金よりも他国との効果的な税務情報交換を行わない、法制度の透明性が欠如している、の2点を重視しています。他国との効果的な税務情報交換を行わないタックス・ヘイブンには富裕層の資産や所得が集まるからです。そこで2009年4月にG20首脳会議が、タックス・ヘイブンと情報交換に非協力的な国・地域（2000年のOECD租税委員会によるタックス・ヘイブンリスト35カ国・地域）に対して、12以上の国と租税情報交換協定を結べば、この「ブラックリスト」から外す措置をとりました。

この結果、タックス・ヘイブンとの間で多くの租税情報交換協定が結ばれ、日本もマカオ、サモア、ガーンジー、ジャージー、マン島、リヒテンシュタイン、ケイマン諸島、英領ヴァージン諸島、パナマ、バハマ、バミューダの11カ国・地域と結んでいます。

こうした情報交換の流れは、最終的に非居住者に係る金融口座情報を税務当局間で自動的に交換するための国際基準である「共通報告基準（CRS：Common Reporting Standard）」の制定につながりました。2017年から施行され、このCRSに基づき、各国の税務当局は、自国に所在する金融機関等から非居住者が保有する金融口座情報の報告を受け、租税条約等の情報交換規定にも基づいて、その非居住者の居住地国の税務当局に対しその情報を提供します。

国・地域全体がそのままタックス・ヘイブンになる場合もあれば、特定の税金や法人、個人に租税特典があってタックス・ヘイブンになるケースもあります。またオフショア・ファイナンス・センターもタックス・ヘイブンと同じ意味、もしくは特殊なタイプとされることもあります。

また、bの「低税率」も自国からみればという相対的な基準ですが、税金も投資や事業のコストであり、企業も個人も税金が低いに越したことはありません。会社も個人も低税率国や無税国に引きつけられ、それを見越して国家間での税に関する競争が起きることになります。競争が行き過ぎてグローバル・ミニマム課税となったことは、第1章で説明した通りです。

ここで1章のおさらいが必要です。

グローバル・ミニマム課税（GLOBEルール）は年間総収入金額（連結売上高）が7億5000万ユーロ以上の多国籍企業グループを対象とし、その最終親会社の所在地国が最低でも実効税率15％の税収を得る仕組みです。この対象外となる中堅中小企業や富裕層個人は、今まで通りのタックス・ヘイブン対策税制を考えていくことになります。

しかし、日本では令和5年税制改正で先送りになった、国内ミニマム課税(QDMTT:国内にある会社の税負担が15%を下回る場合、15%まで、その会社の所在地国の税務当局が課税する制度)がタックス・ヘイブンに導入されると、グローバル・ミニマム課税に優先されるため、つまりタックス・ヘイブンの税収が増えます。そのため、導入を計画している国が出てきています。

シンガポール、香港はGLOBEとQDMTTを2025年から導入予定、アラブ首長国連邦(UAE)は2022年まで無税国で2023年から基本税率9%ですが、同様に導入を計画してます。

ヨーロッパでは、アイルランドは同国が親会社所在地国の7億5000万ユーロ基準の企業に15%を適用し、QDMTTも導入する予定です。スイスも国民投票でGLOBEとQDMTTの導入が決まってます。

従って、こうした改正予定をこれから説明するタックス・ヘイブンについて、念頭におく必要があります。

タックス・ヘイブンの4つの特徴

タックス・ヘイブンは世界を大きく分けて、ヨーロッパ、カリブ海・中南米、アジアという3つの地域に分散しています。観光地としても有名な島嶼国や国家が比較的に多いです。

先述したaからdの4分類が、税制上どのような特徴を持っているのか、また、4つのうち各国がどこに当たるのかを説明します。

a　無税国

無税とは、法人や個人の所得、相続資産に対する税金がまったくないということです。ただし、その他の固定資産税や印紙税などの税金について必要となる国・地域はあります。a～dそれぞれの分類は、この所得税や法人税に対する分類だと考えてください。aの無税国ではそうした税金が一切かかりません。そこでaのタイプをタックスパラダイス（税金天国）とも呼ぶこともあります。

このタイプにはケイマン、バミューダ、バハマ、ブリティッシュ・ヴァージン諸島、バーレーンといった国があります。

b 低税率国

低税率国とは低い税率、つまり税金が低い国です。法人税率は、シンガポールが17%、香港が16・5%、マカオが12%です。日本の法人税は地方税を加えた法定実効税率で約33・6%（中小法人の場合）ですから、香港、シンガポールは日本の約5割の税金で済むということになります。給与にかかる税金も、グロスの収入について香港は17%が最高税率です。

ヨーロッパでは、ハンガリーが9%、アイルランド、キプロス、リヒテンシュタインがともに12・5%です。スイスは、カントン（州）の税率により変わりますが、11%から21%です。イギリスは19%まで法人税率が下がりましたが、２０２３年4月からは25%です。

c 租税特典国

租税特典国とは一定の会社や活動に特典がある国です。持株会社などの一定の免税会社について、また投資所得など一定の所得については、法人税の課税を免除ないし軽減する国を指します。オランダやイギリスの資本参加免税制度やイギリスの外国支店非課税制度、ルクセンブルクの金融会社などがこれにあたります。

イギリスの資本参加免税制度は、株式譲渡益について、普通株式10％以上、かつ分配配当権および清算財産分配権の10％以上の法人株式保有で、株式譲渡日以前の６年以内に12カ月継続保有が条件となります。受取配当金は国内・国外にかかわらず非課税です。

このタイプはTax resorts（タックス・リゾート）と呼ばれます。

パテント・ボックスという制度がヨーロッパもオランダ、ルクセンブルク、アイルランド、ベルギー、スペイン、フランス、スイス、イギリスと中国にあります。パテントは特許権等の意味ですが、特許権に代表される一定の知的財産に関連するロイヤリティ所得、譲渡益等について、低税率を適用する優遇税制です。イギリスのその税率は10％、ベルギーは実効税率３・８％、オランダ（名称はイノベーション・ボックス）は９％といった税率になっています。ただし、ＯＥＣＤの規制により低税率適用に制限はあります。

d　国外源泉所得非課税国

国外源泉所得非課税国については、少し説明が必要でしょう。自国で本店の登記をしている会社は、世界のどこで所得が発生しても本社所在地で税金が課税されます（全世界所得課税）。同時にその所得が生じた外国でも税金が発生しますが、この場合、自国での納税に際して控除できることになっています（外国税額控除）。ところがdのタイプの国は、例えば香港では香港以外の外国で発生した所得については、送金があっても税金がかかりません。そのように国外で生じた所得が非課税となる国を国外源泉所得非課税国といいます。ただし、国外所得の要件は、低税率国かつ国外所得非課税国タイプのタックス・ヘイブンでは、厳しいといえます。

このタイプはTax shelters（タックス・シェルター）といわれ、香港、リベリア、パナマ等があります。シンガポールは、法人は一定の場合を除き送金時に課税ですが、個人は非課税です。

タックス・パラダイス（税金天国）という意味のタックス・ヘイブンと呼べるのはバハマ、バミューダ、ケイマン、バーレーンに代表されるように、ａの所得税、法人税、資産税のまったくかからない国です。

タックス・ヘイブンごとの特徴の把握

こうしたタックス・ヘイブンはどのように活用すれば良いのでしょうか？　その基礎となる考え方について説明します。

タックス・ヘイブンの種類としては、無税国、低税率国、国外源泉所得非課税国、租税特典国の4つに大別されると説明しました。この特徴を海外投資の際にどう利用するかを事前にプランニングするのです。

タックス・ヘイブンでは、無税はあくまで所得にかかる所得税や法人税のことといいましたが、賃金の雇用主への賃金税や社会保険料、印紙税、ゼネラルサービスタックスなどがかかる国もあります。

タックス・ヘイブンでのオフショア・カンパニー設立

タックス・ヘイブンには、海外投資家向けの会社であるインターナショナル・ビジネス・カンパニー（ＩＢＣ）があります。会社の登記はもちろんタックス・ヘイブンで行いますが、ビジネスはその国内では一切行わず海外ビジネスだけという会社で、オフショア・カンパニーともいわれます。

しかし、現時点ではオフショア・カンパニーの設立はかってのようにはいきません。例えば、バハマのＩＢＣには殆どの税金の免税恩典がありましたが、２０２１年12月31日に恩典が失効しました。

また、モーリシャスのカテゴリー1のGlobal Business License Company（ＧＢＬ1カンパニー）やカテゴリー2のGlobal Business License Company（ＧＢＬ2カンパニー）にはライセンスが発行されなくなり、既存のＧＢＬはＧＢＣ（Global Business Company）とＡＣ（Authorized Company）になります。

ＧＢＬ1カンパニーには80％のみなし税額控除が海外所得に認められ、実効税率は基本法人税率15％×（1－0・8）＝3％でしたが、この特典がなくなり15％の基本税率が適用されています。ただし、一定の条件をみたしたＧＢＣには、海外源泉の配当や利子所得、集団投資信託からの所得、船舶・航空機リースの所得については、その80％が課税対象外になっています。

租税特典国の恩恵の活用

租税特典国に分類されるのは、外国企業誘致に優遇税制をとっている国です。例えば、中国の基本法人税率は25％ですが、条件に合致する小型の低利益企業は20％、国が重点的に援助する必要のあるハイテク企業は15％、となっています。

非居住企業が中国国内において機構、拠点を設置していない場合、または機構、拠点を設置したが取得した所得がその設置した機構、拠点と実際の関係がない場合、中国国内源泉所得について企業所得税の適用税率は20％ですが、優遇により10％の税率です。

マレーシアの基本法人税率は25％ですが、マレーシアの「1986年投資促進法」の「パイオニア・ステータス」が認められると、企業は生産開始日と認定された日から5年間（国家的・戦略的に重要なプロジェクトは10年間）、法定所得の70％が免税です。さらに一定のハイテク外資企業は、10年間の法人税率が0％から10％に優遇されます。

こうした国々に進出している日本企業は、国内国外を併せた実効法人税率を大きく下げられるわけです。

租税条約の有無の重要性

どのような国であれ、基本的には税収がないと国家自体が破産してしまいます。そこで課税権が存在するのですが、一方で自国の個人や会社が外国取引を頻繁に行えばそこには自国と外国から二重に税金を課税されるリスクが出てきます。これを回避するのが租税条約であり、自国と外国とで税金をどのように配分するかの取り決めが規定されています。

租税条約は国・地域ごとに結ばれていますが、OECDのモデル租税条約があり、OECD加盟国は多くの場合このモデルで条約を締結しています。

日本は2023年11月1日現在、85の租税条約を153カ国・地域と結んでいます（図8－1）。条約数と国の数が合わないのは、旧ソ連や旧チェコスロバキアとの条約が複数国に承継されたり、情報交換規定や税務執行共助条約があるためです。

また税金に関する情報交換協定のみを締結している国・地域もあります。この税務執行共助条約とは、税金についての情報交換、滞納者からの税金徴収の共助、外国にいる個人等に税金に関する文書送達の共助条約です。

《85条約等、153か国・地域適用/2023年11月1日現在》(注1)(注2)

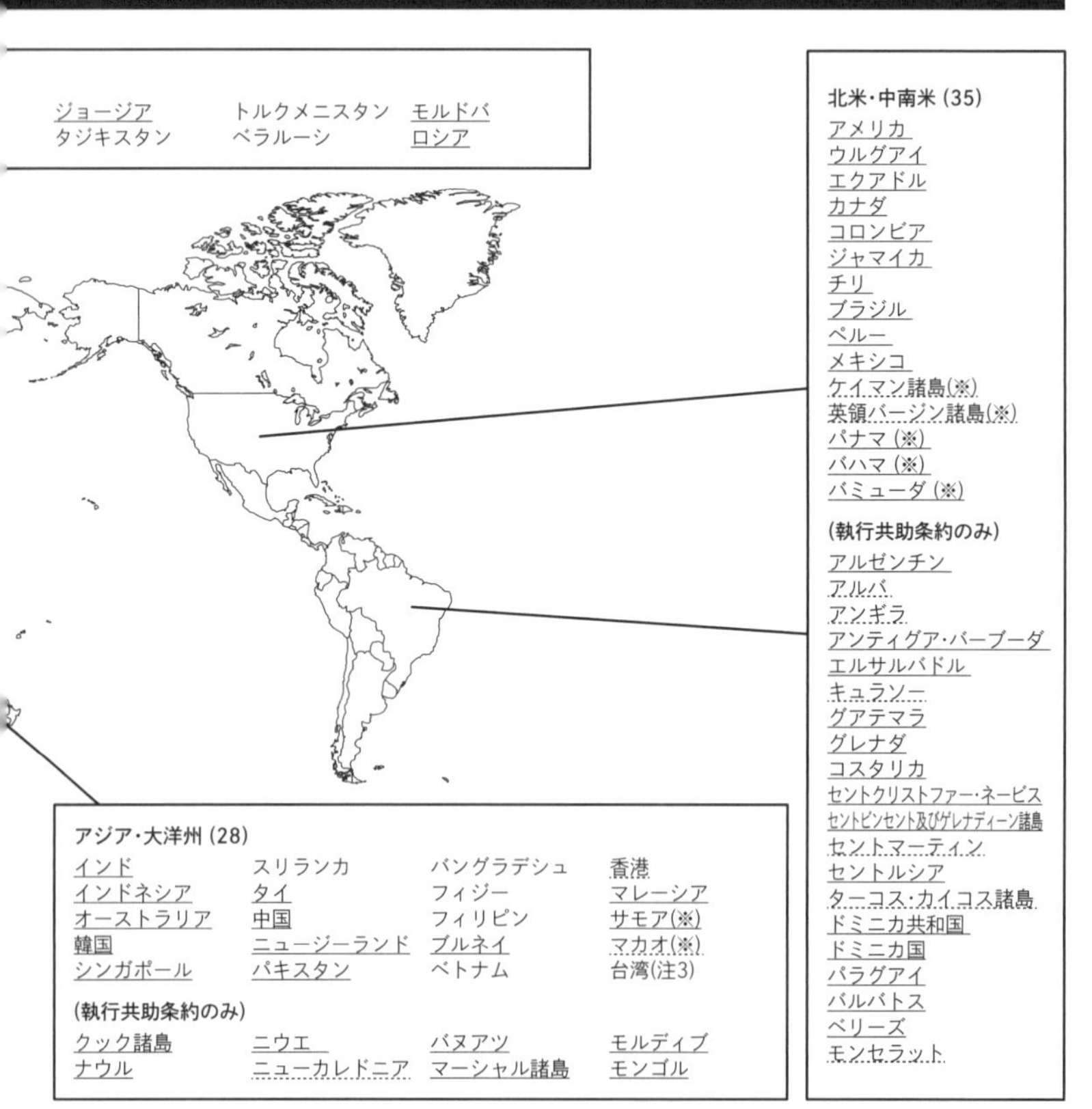

(注3)台湾については、公益財団法人交流協会(日本側)と亜東関係協会(台湾側)との間の民間租税取決めおよびその内容を日本国内で実施するための法令によって、全体として租税条約に相当する枠組みを構築(現在、両協会は、公益財団法人日本台湾交流協会(日本側)および台湾日本関係協会(台湾側)にそれぞれ改称されている)。

図8-1　日本の租税条約ネットワーク

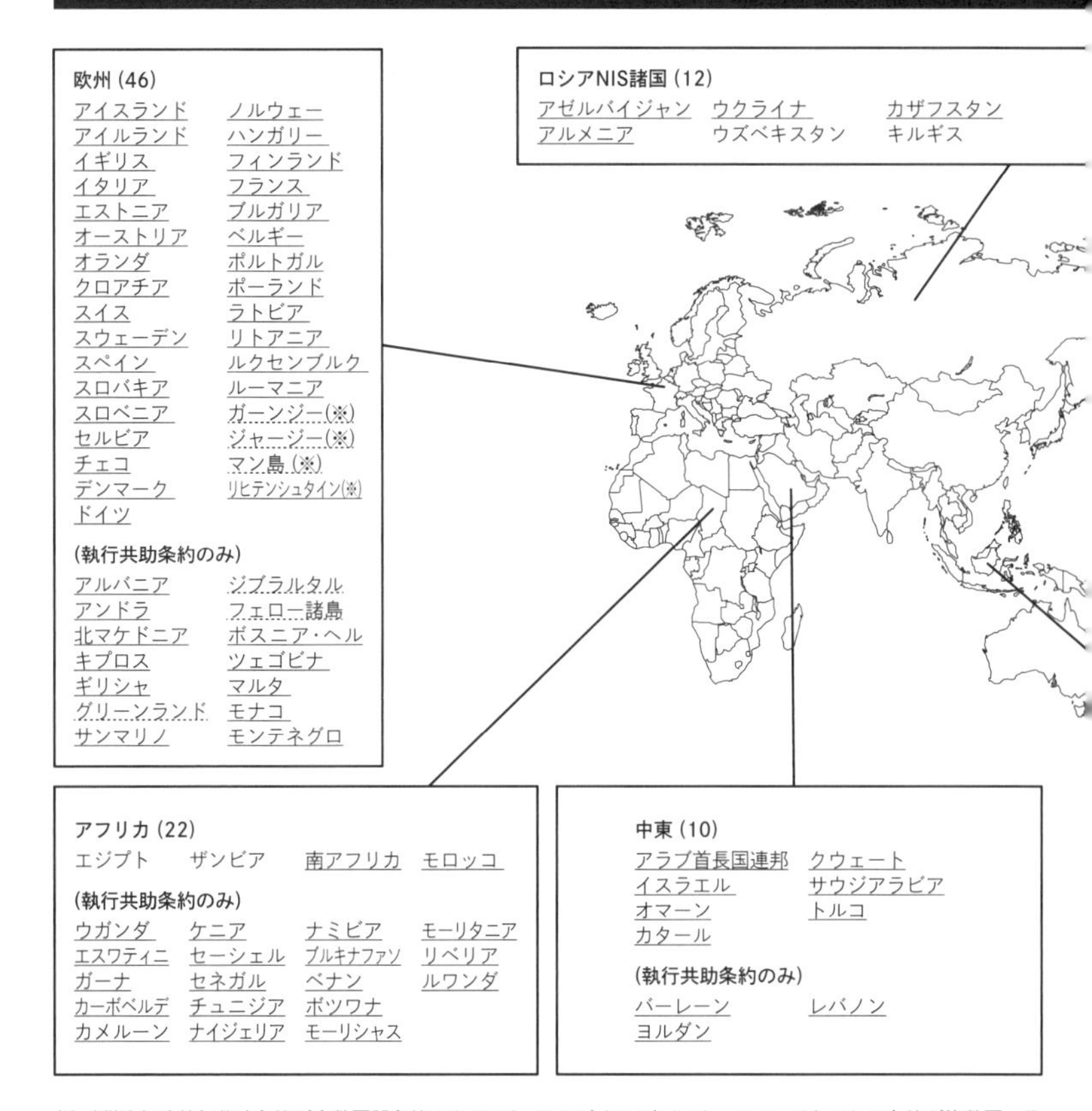

(注1)税務行政執行共助条約が多数国間条約であること、および、旧ソ連・旧チェコスロバキアとの条約が複数国へ承継されていることから、条約等の数と国・地域数が一致しない。

(注2)条約等の数および国・地域数の内訳は以下のとおり。

- 租税条約(二重課税の除去並びに脱税及び租税回避の防止を主たる内容とする条約)：71本、79か国・地域
- 情報交換協定 (租税に関する情報交換を主たる内容とする条約)：11本、11か国・地域(図中、(※)で表示)
- 税務行政執行共助条約：締約国は我が国を除いて122か国 (図中、国名に下線)。適用拡張により140か国・地域に適用(図中、適用拡張地域名に点線)。このうち日本と二国間条約を締結していない国・地域は62か国・地域
- 日台民間租税取決め：1本、1地域

出所　財務省HP

ところで、日本政府はタックス・ヘイブンとは租税条約を結ばない方針をとっていますが、以下の低税率国や租税特典国は日本との租税条約を締結しています。

アジア……シンガポール、香港

ヨーロッパ……オランダ、スイス、ルクセンブルク、アイルランド、ロシア、ルーマニア、ジョージア、スロバキア、ハンガリー、ラトビア、リトアニア等

日本と租税条約を結んでいる国に会社を作ったときの主なメリットは、次のようになります。

配当、利息、ロイヤリティの支払い、受け取りにかかる源泉所得税が軽減

通常20％とされる部分が、5％から10％程度となります。ただし、ロイヤリティについては日米、日英、日仏、日豪、日瑞（スイス）間に限っては原則として免税です。利子所得も米英豪などは免税です。

「トリーティーショッピング」という言葉があります。これは直訳すると「条約漁り」と

いう意味で、例えば、A国とB国の租税条約の内容に有利に使えそうな部分があれば、C国の居住者がその部分を利用することです。

具体例で説明します。

ある日本企業が中国に投資しようとします。中国と日本間には租税条約があり、利子・配当には10％、ロイヤリティは10％の源泉税が中国でかかり、株式売却などのキャピタルゲインが中国で発生すれば中国で課税されます。中国子会社からの配当には10％の源泉税がかかりますが、香港に設けた持株会社があれば、中国から香港の配当の源泉税は5％となり、香港から日本への配当支払の源泉税はかかりません。シンガポール持株会社の場合も同じです。

なお、トリーティーショッピングに関しては、租税条約の特典の利用について、条約の中に制限条項が設けられています。日本が締結している条約に関しては、日米、日仏、日英、日豪、日香港、などの条約がそれにあたります。

租税条約締結国がどこの国と条約を結んでいるかは重要

次に、日本との条約締結国が、日本以外ではどこの国とどのような条約を結んでいるかを確認することも重要です。これは、日本からA国、そしてB国に投資する際、AB国間で配当、利子、ロイヤリティなどの源泉所得税が免税であれば、日本へのそうした果実の還流時にネット金額が増えるからです。

日本と異なり、ヨーロッパでは旧宗主国の国が多く、低税率国やタックス・ヘイブンと租税条約を結ぶ国が数多くあります。

例えばフランスは、キプロス、モーリシャス、アラブ首長国連邦、モナコ。イギリスはアンティグア・バーブーダ、バルバドス、キプロス、ガーンジー、マン島、ジャージー、モーリシャス、モントセラト、セントクリストファー・ネービスなどと租税条約を結んでいます。ドイツやイタリアもモーリシャス、アラブ首長国連邦、キプロス、マルタと租税条約を結んでいます。

アジアでも、中国がバルバドス、モーリシャス、キプロス、マルタ、セイシェルなどのタックス・ヘイブンと租税条約を結んでいます。ベトナムはセイシェルと、タイはキプロス、モーリシャス、セイシェルとそれぞれ租税条約を結んでいます。

タックス・ヘイブンを使うには、コストvsベネフィットに注意

タックス・ヘイブンで会社を作るコストとその会社から得る利益との兼ね合いが問題となります。

一般的に、タックス・ヘイブンは、２つ以上の国を利用することで効果的なプランを立てることが可能になります。つまり、それぞれの国に一社ずつ会社を設立して相互取引を行うことで、節税効果が増加するのです。

しかし、複数の会社を設立するには、設立費用、登記料、年間会社維持費用（例えば資本金額に応じた公租公課など）、弁護士、税務専門家の報酬などが倍もかかることになります。さらにペーパーカンパニーではなく経済的な実体を持つためには、オフィスの賃料や現地の役員、従業員などの給与の負担や会計事務所への費用の負担が発生します。従って、それらのコストを上回る節税効果がなければ、複数の会社設立は意味のないプランと

なってしまいます。この点は事前に十分検討しておかなければなりません。

会社法の規制、会社設立コストをみる

ほとんどのタックス・ヘイブンには、株主総会を年に一回開く旨の規定があります。ただし、その条件はさまざまで、世界中のどこの国で開催しても良い、現地で開催するがオンラインでも参加できる、書面決議はファックスや電子メールの回覧でも可能という内容も少なくありません。

次に確認が必要なポイントは、最低資本金制度の有無です。ほとんどのタックス・ヘイブンにはその規制はありません。つまり1USドル・カンパニーが可能というケースが大多数となっています。もちろん、一応チェックしておくべきでしょう。特殊な会社、自家保険会社とか証券会社などは事業の内容規模に応じて、最低資本金がかなり大きなものと規定されていることもあるからです。

最後に、役員の最低員数、役員のうち一人現地に居住している人が必要かどうか、といった規定があるかの確認が必要です。会社の形態にもよりますが、ほとんどのタックス・ヘイブンでは取締役は1名、セクレタリーも1名でよく、居住者でなくてもよいことにな

っているようです。例えば、シンガポールも２００４年からは取締役は１名以上でよいことになりましたが、１名はシンガポールの居住者でなければなりません。

政治的・経済的安定性を分析する

カリブ海の旧イギリス植民地でイギリス連邦に帰属していたケイマン諸島やブリティッシュ・ヴァージン、アイルランド、バハマなどはイギリスの法経済制度に倣っていますので、政治的・経済的に安定しています。また、英仏間の海峡にあるチャネル諸島の島々、ジャージー、マン島、ガーンジー等は国防、外交などの機能をイギリスに委ねており、同様に安定しています。

外国為替規制の有無

タックス・ヘイブンを利用することにより、資金のフローが生まれるケースは少なくありません。投資資金が自国からA国、A国からB国、B国から自国というように移動するのです。そのたびに為替が必要になりますが、ほとんどのタックス・ヘイブンはオフショア・ファイナンス・センターとして機能しているので規制はほとんどありません。

本店所在地国の移動

シンガポールは２０１７年10月11日から、外国法人は一定の条件下（例えばその会社の資産額、年間売上が１０００万シンガポールドル超、従業員50人以上のうち２つを満たし、債務の一定の弁済能力など）で、シンガポール法人となることできます。当初の設立国において、本店所在地国の変更が認められていることも条件です。

リヒテンシュタインでは、シンガポールのような資産額、売上額等の条件はなく、司法省の承認が得られれば、外国会社は清算せずにリヒテンシュタイン法人となることが可能です。反対に外国に会社を移すことも可能です。パナマもリヒテンシュタインと同様です。

弁護士・税理士のサービスも必須事項

弁護士・税理士等のサービスが充実しているか、国際的な銀行の支店が多くあるかなどもタックス・ヘイブン選択の重要なポイントです。欧米の個人や会社が多く利用するオフショア・ファイナンス・センターには、世界的な大銀行の支店やビッグ・フォーといわれる世界四大会計事務所のオフィスがあり、そうした事務所等から投資時の税務情報などを得ることになります。ただし料金は高くなってしまいますから、その点を現地の弁護士・税理士等と比較すべきです。

タックス・ヘイブン対策税制には十分な注意が必要です。また、タックス・ヘイブンはマネーロンダリングや脱税に使われることも多く、ＯＥＣＤは監視の度合いを強化しています。日本でもバミューダとの情報交換を主体とした租税協定（２０１０年7月発効）、マン島、ケイマン、バハマ、ガーンジー、バミューダ、リヒテンシュタインとの租税協定の発効、香港との租税条約は締結済み、といったようにタックス・ヘイブンとの情報交換に努めています。

タックス・ヘイブンとの租税協定にある情報交換の内容の概略例を示します。

例えばバミューダとの租税協定については、対象となる税金は所得・法人・住民・相続・贈与税で、相手国からの要請により銀行が保有する情報を含めたすべての関連する情報を提供することになります。ただし、営業上、事業上、産業上の秘密、または取引の過程を明らかにするような情報の提供義務はありません。マン島、ケイマン、バハマ、ガーンジーも同様です。

第9章

タックス・ヘイブンごとの特徴と利用法

タックス・ヘイブンごとの特徴

タックス・ヘイブンは、地理的にはカリブ海、ヨーロッパ、アジア南太平洋に分かれます。一方、政治・歴史的にみると、イギリスの王室属領、海外領土、植民地だった国・地域とベルギー、オランダ、ルクセンブルグのベネルクス3国を中心とする国、これらに属さない独立系の国に分かれます。

法人税率20％未満等の国・地域は、図9－1のようになっています。

利用にはタックス・ヘイブン対策税制を十分に考慮しておくことが重要になります。

○プライベート・インベストメント会社

自国にある預金、株式などの金融資産を、タックス・ヘイブンに設立した会社に移転し、さらに第三国に再投資して上がった収益をタックス・ヘイブンの会社に蓄積するというものです。

図9-1　法人税率20％未満の主な国・地域

国	税率	国	税率
アフガニスタン	20％	カザフスタン	20％
アルバニア	15％	クウェート	15％
アルメニア	18％	ラトビア	20％
バハマ	0％	レバノン	17％
バーレーン	0％	リビア	20％
ベラルーシ	18％	リヒテンシュタイン	12.5％
バミューダ	0％	リトアニア	15％
バルバドス	15％	マカオ	12％
ボスニア・ヘルツェゴビナ	10％	モーリシャス	15％
カンボジア	20％	モンテネグロ	15％
ケイマン諸島	0％	オマーン	15％
クロアチア	18％	パラグアイ	10％
キプロス	12.5％	ポーランド	19％
チェコ	19％	カタール	10％
フィジー	20％	ロシア	20％
グルジア	15％	サウジアラビア	20％
ジブラルタル	12.5％	セルビア	15％
ガーンジー	0％	シンガポール	17％
香港	16.5％	スロベニア	19％
ハンガリー	9％	スイス	19.699％
アイスランド	20％	台湾	20％
イラク	15％	タイ	20％
アイルランド	12.5％	ウクライナ	18％
マン島	0％	バヌアツ	0％
ジャージー	0％	ベトナム	20％
ヨルダン	20％		

出典　TAX FUNDATION「Corporate Tax Rate around the World,2022」

この会社を利用して海外（オフショア）ファンドを購入することも可能です。オフショアファンドとは、一般にミューチュアルファンド（英国法系だとユニットトラスト）などを示します。こうしたファンドの本籍地としては、アイルランド、バミューダ、ルクセンブルク、ケイマン諸島、ブリティッシュ・ヴァージン諸島などが有名です。

最近では、シンガポールは２０２０年1月に集団投資スキームのビークルとして、ＶＣＣ（Variable Capital Companies：変動資本会社）を導入しています。シンガポール居住のライセンスをもったファンドマネージャーがいること、会社所在地登記、現地居住の取締役一人、会社秘書役一人が必要ですが、単独ファンドでも複数のサブファンドを持つアンブレラファンドも可能です。外国籍のファンド会社もシンガポール籍のＶＣＣに変わることができます。単独のＶＣＣの税制は、シンガポールの会社と同じで、租税条約も適用されます。ファンド向けの優遇税制も一定の条件で受けられます。最低資本金制度もありません（図９－２）。

○知的財産ライセンス会社

第８章で説明済みですが、パテントボックス税制とかイノベーションボックス税制とい

図9-2　VCCの構造

単独型

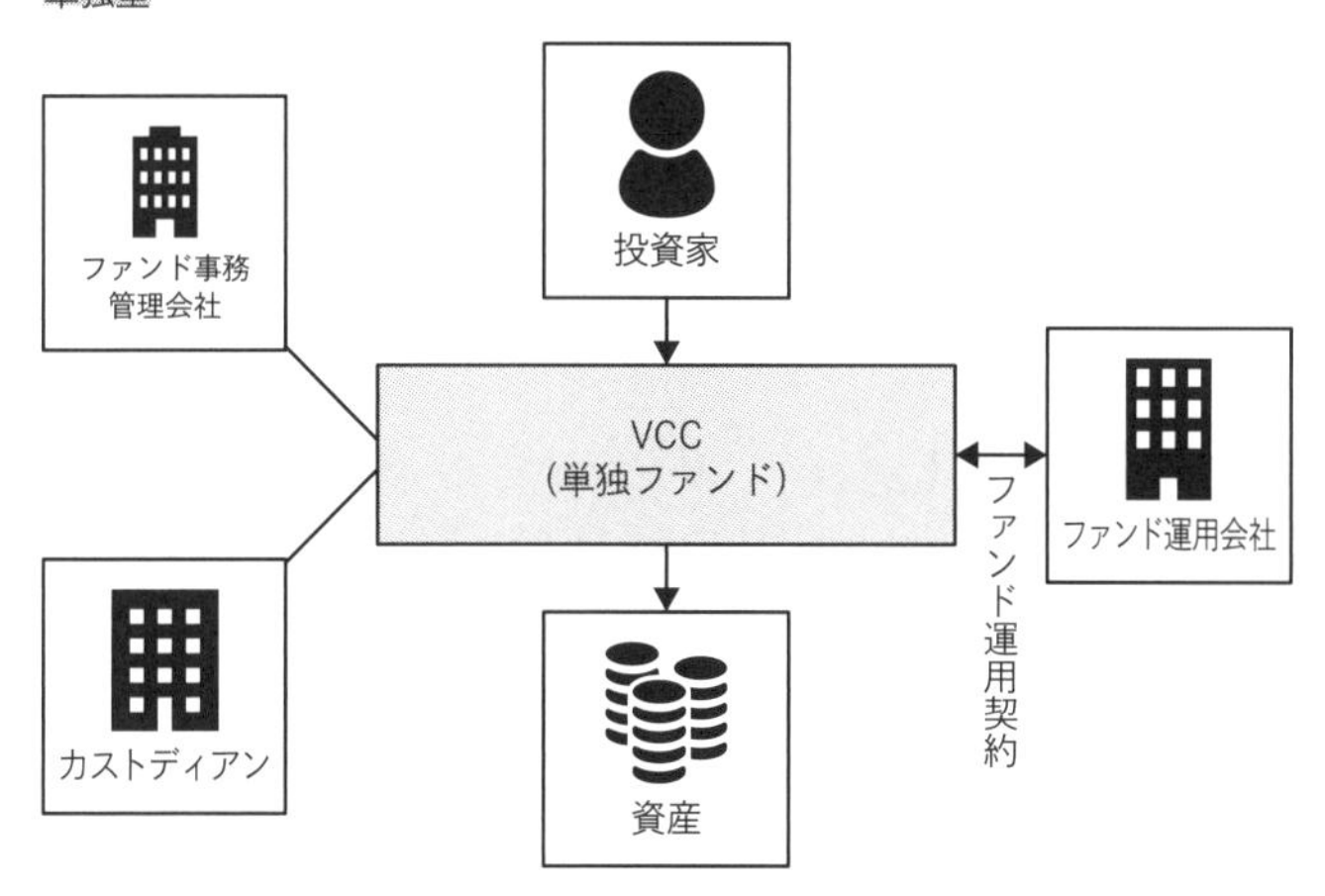

アンブレラ型

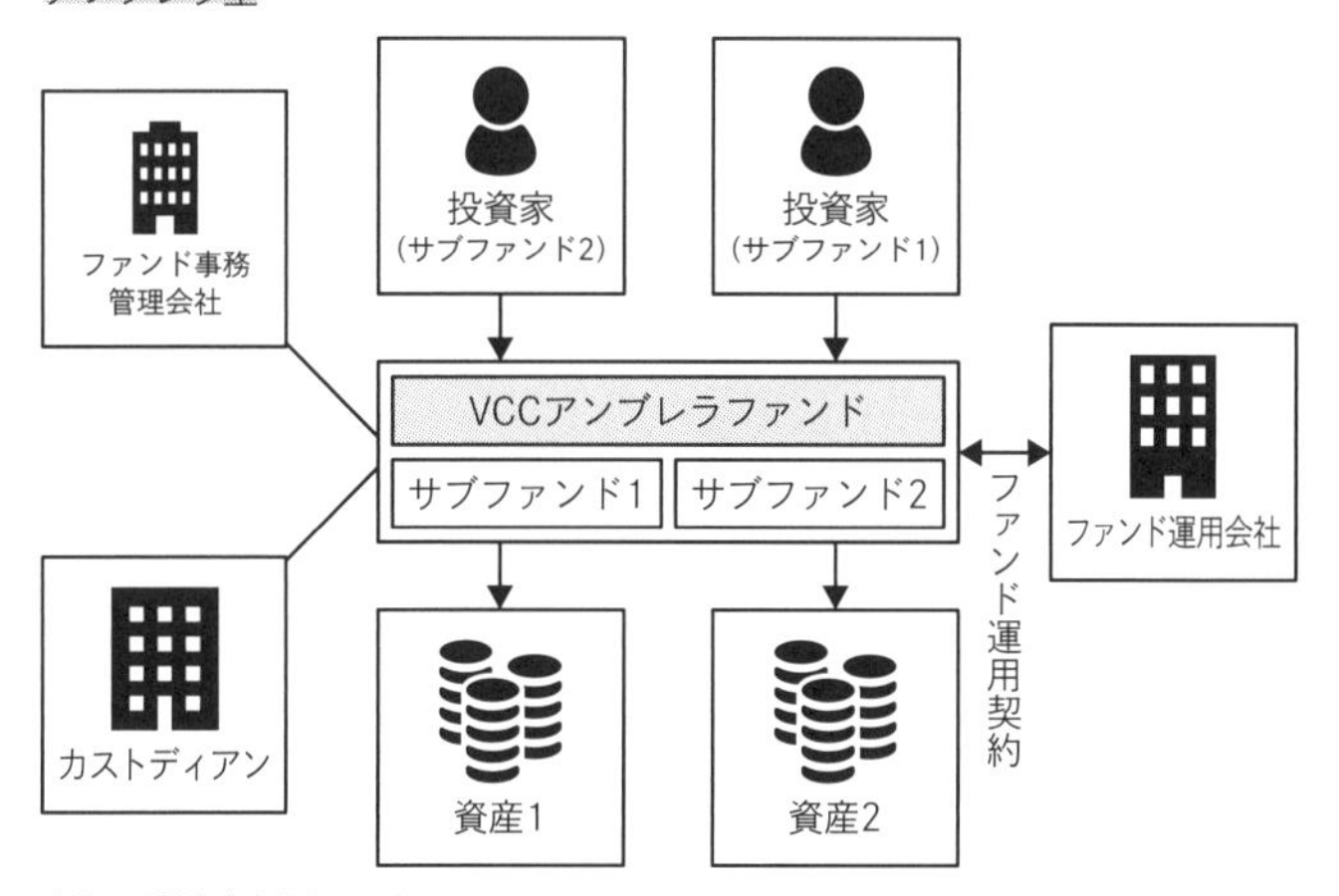

出典　野村資本市場クォータリー 2020 Autumn

われる優遇税制があります（図9－3）。日本には現在この制度はありません。

タックス・ヘイブンの知的財産保有会社が、シンガポールや香港にある日本子会社であれば、知財保有が主たる業務に該当する場合、タックス・ヘイブン対策税制の経済活動基準の事業基準を満たさないことになり、日本親会社と合算課税されます。

○不動産保有会社

不動産はその不動産の存在する国で課税されるのが原則です。タックス・ヘイブン子会社を経由して、第三国にある不動産からの収入を得る場合は、当該国で課税されます。その第三国の税率が低ければメリットが生じます。冒頭であげた国・地域で法人税率やキャピタルゲインの税率が低く、かつ良い不動産物件があればメリットが出てきます。

第三国にある不動産をレンタルしている場合は、その国がタックス・ヘイブンであれば、不動産保有会社が受け取る賃料にも通常、源泉所得税はかかりません。

不動産を所有しているタックス・ヘイブン子会社の株の売買で、第三国の不動産の譲渡所得を逃れようとしても、株の譲渡が不動産の譲渡そのものと認定され、課税される場合があります。この点はすでに説明済みです。

図9-3　英国及び仏国のパテントボックス税制の概要

英国	フランス
概要	
●一定のライセンス等から得た利益から一定の金額を控除した金額の法人税率を10％とする ●一定のライセンス等から得た利益の算定では、ライセンス料等から費用の控除を行う ●一定の金額の控除においてはルーティンリターン等の控除を行う	●一定のライセンス等から得た利益に対して、法人税率を10％とする ●一定のライセンス等から得た利益の算定では、ライセンス料等から研究開発費を控除した上で、ネクサス率を乗じる ●ネクサス率は、納税者で直接発生した費用の130％が研究開発費の総額に占める割合
趣旨	
●事業横断のイノベーション、研究開発の促進、英国における特許及び研究開発の商業化の支援	●フランス国内の研究開発活動の促進
対象となる所得	
●一定のライセンス等から得た利益 ●一定のライセンス等とは、特許権等を能動的に保有しているものが実施するライセンス等	●一定のライセンス等から得た利益 ●一定のライセンス等とは、営利目的で法人によって使用されている資産からのライセンス料等

出典　デジタル経済下における国際課税のあり方　経済産業省

持株会社を設立することにメリットがあるタックス・ヘイブン

タックス・ヘイブンや持株会社について租税特典のある国に持株会社を作ると、海外の子会社からの受取配当金や子会社株式を売ったときのキャピタルゲインが非課税になるので、多国籍企業によってよく利用されます。

日本企業が利用する場合は、マレーシアやタイなどアジアにある製造子会社と親会社との間に作る中間持株会社のケースが多いようです。

以下、どのような持株会社形態があるか、地域別にみていきます。

アジア・太平洋

○香港持株会社

香港で設立した通常の会社に持株会社の機能を持たせることになります。香港持株会社の受取配当金は免税ですが、支払国側での源泉税については、香港と租税条約を結んでいる国によります。リヒテンシュタイン、ルクセンブルク、マレーシア、スイス、イギリス等からの配当は非課税です。

香港持株会社が支払う配当には源泉徴収税がかからず、保有する外国子会社株式のキャピタルゲインも香港では非課税です。

例えば、日本と香港との租税条約では、香港持株会社が日本子会社の株式を売却しても、日本では課税されない規定となっています。

○シンガポール持株会社

シンガポール以外の国にある会社の中間持株子会社のケースなら、例えば、傘下にインド孫会社や中国孫会社を持つと、租税条約の特典が受けられます。この例では、それぞれインドからの配当の源泉税率は15％、中国からの源泉税率は５％に減免されます。シンガポールでは受取配当金は免税です。

貸付利子の源泉税に関しては、インドからの場合は15％、中国からは10％に減免されます。シンガポール中間持株子会社がインドや中国孫会社の株式を売却しキャピタルゲインが出た場合、租税条約によりインドに関しては２０１７年4月1日の前日まで取得の株式譲渡益は免税ですが、同年月日以降は、課税となります。中国では課税になります。シンガポール中間持株子会社においては、キャピタルゲイン（20％以上の保有、譲渡前24カ月超保有）は非課税ですが、外国で支払った税金は一定の条件で外国税額控除が認められます。

日本とシンガポールとの租税条約では、日本の会社がシンガポール持株会社の子会社の場合、シンガポール会社が日本会社の株式を25％以上所有し、その5％以上を売却した場合は、キャピタルゲインが日本で課税されます。シンガポールのトラスト経由で保有していれば、それぞれの持分は合算計算されないため、25％未満になります。

○ラブアン持株会社

ラブアンの1990年事業活動法では、株式、証券、貸付、不動産を保有する活動は、非営業活動と分類され、そうした活動をするラブアン法人は非課税となります。ラブアン法人が受け取る配当は非課税で、非居住者等に払う配当や利子にも源泉税はかかりません。

ヨーロッパ

○アイルランド持株会社

アイルランドの持株会社には、キャピタルゲインについて資本参加免税制度が適用されます。株式を売却した時点で、持株会社が5%以上の持株割合を直前の2年間に12カ月以上続けて保有していれば、免税になります。ただし、子会社の所在地国はEUメンバー国かアイルランドと租税条約を結んでいる国に限定されます。

海外から受け取る配当については、配当支払する子会社が現地で12・5%以上の法人税率で課税されていれば、アイルランドでは免税になります。アイルランドと租税条約を結んでいる国も同様です。

○オランダ持株会社

オランダでは、資本参加免税によりオランダ法人の受取配当、保有株式譲渡のキャピタルゲイン等は非課税になります。持株会社の株式保有期間については、特に規定はありません。オランダの法人税率は25・8％です。

○イギリス持株会社

イギリスでは２００９年７月から英国国内法人が受け取る配当は、国内会社、外国会社を問わず、原則１００％免税になっています。資本参加免税により、外国子会社の株式売却譲渡益は免税となります。

イギリスの法人税率は、２０２３年４月１日から、年間利益が２５０００００ポンドを超えると法人税率は25％になります。年間利益が５００００ポンド未満ですと、19％のままです。

○その他の国

ベルギー、ルクセンブルク、オーストリア、スペインなどにも参加免税制度があります。
これらの国々の租税負担率は30％（27％）未満です。

海外持株会社と日本のタックス・ヘイブン税制対策

未上場の中小・中堅企業の海外持株会社はペーパーカンパニーが多いと思われます。ペーパーカンパニー（第6章図6－4）の租税負担割合が30％（2024年から27％）以上なら、タックス・ヘイブン対策税制対象外です。

租税負担率が、20％以上30％（27％）未満の場合、外国関係会社になりますが、ペーパーカンパニーには事業基準がありませんので、株式保有事業であっても問題はありません。実体基準か管理支配基準のどちらかひとつを満たせば、タックス・ヘイブン対策税制の対象外となり得ます。

実体基準を満たせば、ペーパーカンパニーから外れますが、持株会社に実体を持たせる際どのような固定的施設が必要とされるのかについては、判断が難しいといえます。従って、管理支配基準の充足も税務当局からも認められるようにしておくべきです。

シンガポールや香港、ラブアンなど租税負担率が20％未満の場合は、株式保有事業が事業基準を満たさないため、タックス・ヘイブン対策税制の対象となります。対策としては、そうした持株会社の支店を、租税負担率が20％以上の第三国に設けて事業、手っ取り早いのは不動産賃貸業など、を始めて本支店合算の租税負担率が20％以上になれば、先ほどの議論となり、実体基準か管理支配基準の充足が税務当局から認められれば、タックス・ヘイブン対策税制の対象外となります。

租税負担率が20％未満の海外持株会社であっても、受取配当金が持株割合25％以上かつ配当支払日以前6カ月以上の継続所有株式の場合には、受動的所得とはなりませんので、タックス・ヘイブン対策税制の適用外になります。受取配当金以外に所得がなければタックス・ヘイブン対策税制の適用外です。

キャッシュボックスとの関連も重要です。

外国関係会社で、①総資産の額（期末帳簿価額）に対する一定の受動的所得の割合が30％を超え、かつ②一定の資産（有価証券、貸付金、固定資産、無形資産等の期末帳簿価額）の総資産（簿価）に対する割合が50％を超えると、キャッシュボックスに該当し合算課税となります。①か②のどちらかを満たさなければ、対象外です。持株割合25％以上かつ配当支払日以前6カ月以上の継続所有株式の配当金は、そもそも受動的所得にならないので、キャッシュボックスから外れます。

地域統括会社の設立

世界各地にあるグループ子会社などに財務、経理、人事などのバックオフィス的なサービスを提供する会社やグループ子会社を統括する管理会社です。こうした会社に特典を与えている国は、ベルギー、フランス、スイス、イギリス、シンガポールなどです。日本も２００９年に地域統括会社制度が導入されています。

地域統括会社ではないのですが、バックオフィス業務を行うサービスカンパニーについては、シンガポールは、会社の経費の５％を利益とみなすコストプラスカンパニーが認められています。

金融（財務）子会社の設立

世界の多くの大企業は資金調達、関係会社への貸し付け、余裕資金の運用、為替リスク回避などのため、金融子会社を租税特典国やタックス・ヘイブンに設立しています。

グループ会社内の資金融資で、融資を受けた会社は利子の支払が経費となり所得が圧縮でき、受取会社がタックス・ヘイブンにあれば利子に課税されないか、低税率で済みます。これによってグループ全体の実効税率を低下させられます。持株会社に金融会社の機能を持たせるケースも多くあります。

タックス・ヘイブン対策税制との関係では、経済活動基準のすべてを満たした、現地法令準拠の銀行・金融商業子会社（日本の金融商品取引法の第一種金融商品取引業と同種類の業務に限る）の、本業から得る所得、利子、配当、キャピタルゲイン等は部分合算制度の対象外となります。しかし、１００％所有の外国金融子会社に対して、その事業規模に照らして通常必要とされる水準を大幅に超える異常な水準の資本が投下されている場合には、その異常な水準の資本から生じた所得は、部分合算課税の対象になります。

便宜置籍船

新聞やテレビで「パナマ船籍の○○会社のタンカーが……」、「リベリア船籍のタンカーが……」、といった記事や報道を目にすることがあります。これが便宜置籍船です。日本の船会社はもっぱら船員の人件費の削減を目的として、タックス・ヘイブンに船籍を置いていますが、税金が低率であるのも当然ながらその理由です。

便宜置籍船のタックス・ヘイブンとしては、パナマ、リベリア以外にもジブラルタル、バハマ、キプロス、マン島などが有名です。こうした国は大きな船会社だけでなく、個人の豪華ヨットの船籍を置く場合にも利用されています。

タックス・ヘイブン対策税制の事業基準を満たさないのは、乗組員などがつかない船舶を貸す裸用船契約に基づく船舶の貸付です。定期用船契約は船主船員の配乗、船舶用品の配備等の責務があり、船舶運航業務を遂行しているので、事業基準を満たします。

海運会社や航空会社が、船舶や航空機をオフショア会社に所有させ、その会社から船舶や航空機のリースを受け、リース料を支払うパターンもあります。一定の基準を満たす航空機のリース事業が主たる事業である外国関係会社は、事業基準を満たせます。

キャプティブ保険会社の設立

自社及び自社グループのリスクを専門的に引受ける再保険子会社をいいます。簡単にいえば、会社が自分で保険子会社を作って保険料を払込み、事故発生時の巨額な保険金の支払いに備えるというものです。主にミクロネシア連邦、ハワイ、バミューダ等のキャプティブ保険会社法が整備された国・地域に設立されます。

こうした国・地域での設立のメリットは親会社や関連会社の支払保険料が経費となること、保険会社の設立が簡単で運用方法の規制がないこと、運用益に税金がかからないこと、などです。

図９－４はハワイでの自家保険会社プランニングの簡単な例です。アメリカの基本法人税率は21％ですが、米国税法ではネット保険料が２２０万ＵＳドル以下の損害保険会社には課税が免除されています。従って、租税負担率は20％未満となり、タックス・ヘイブン対策税制の経済活動基準を満たし、さらにキャッシュボックスの判定から外れる必要があります。

同税制との関係では、改正前のトリガー税率が20％以下の時代の地裁判例では、この課税免除が租税負担率の分母に加算され、20％以下となって同税制の適用となっています。

図9-4　自家保険会社プランニングの例

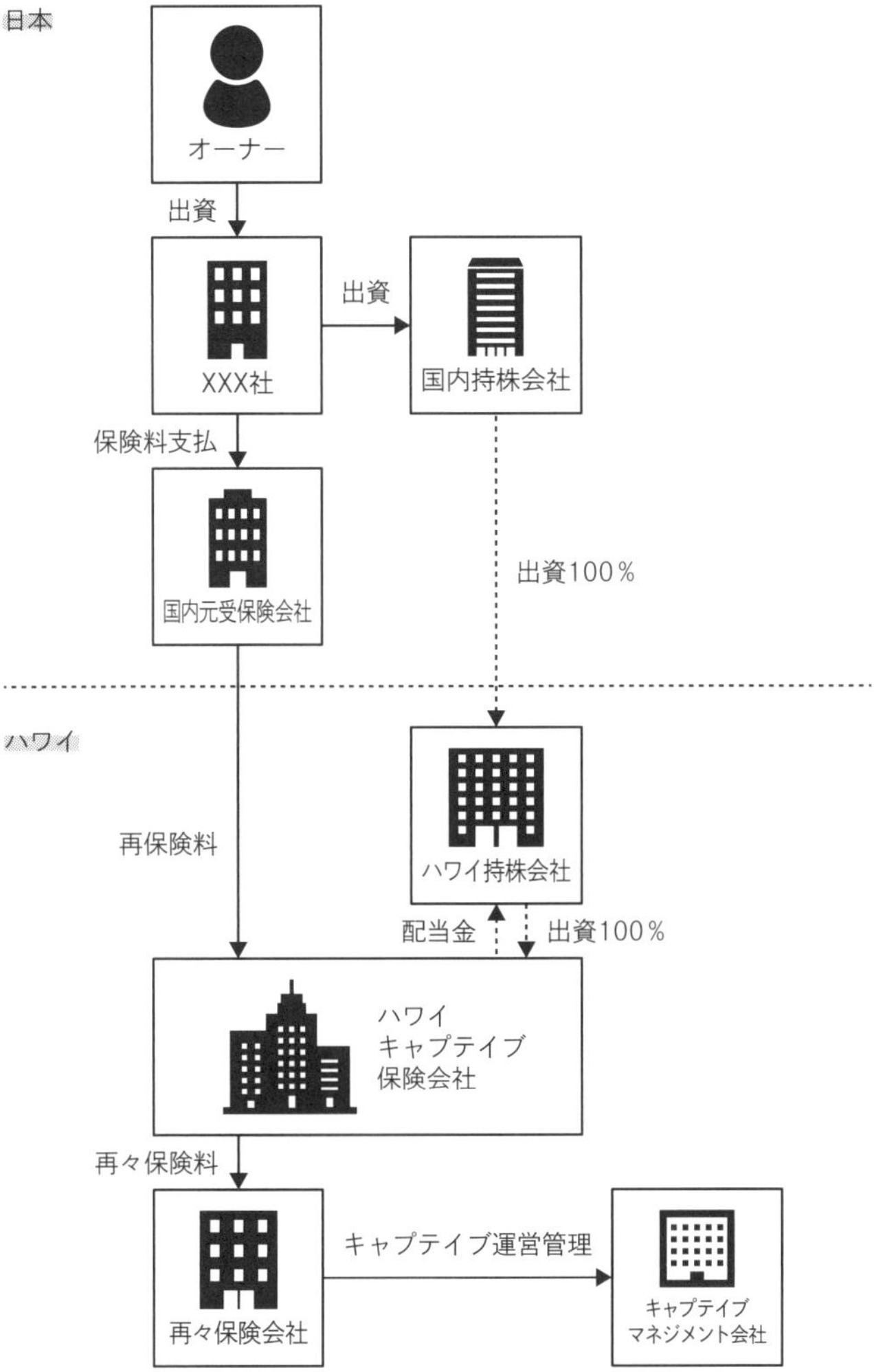

日本

オーナー

出資

XXX社

出資

国内持株会社

保険料支払

国内元受保険会社

出資100％

ハワイ

ハワイ持株会社

再保険料

配当金

出資100％

ハワイ
キャプテイブ
保険会社

再々保険料

再々保険会社

キャプテイブ運営管理

キャプテイブ
マネジメント会社

外国投資信託

外国投資信託は、外国の法令に基づいて海外で設定された投資信託で、会社型と契約型に大別されます。外国の株式・債券等で運用される投資信託でも日本で設定されたものは「国内（籍）投資信託」であり、日本株で運用される投資信託でも外国で設定されたものは「外国（籍）投資信託」となります。海外では日本と運用規制が異なるため、日本では設定できない種類の商品を設定することができます。ルクセンブルクや、ケイマン、モーリシャスなど投資に対する税金が低い国で組成され、管理されていることが多いです（野村證券　証券用語解説集）。

外国投資信託は法人税法上、一括して集団投資信託とされます。

タックス・ヘイブン対策税制の適用があるのは、特定投資信託のうち法人課税信託に該当するものです。法人課税信託の定義から集団投資信託は外れていますので、法人課税信託には該当しません。従って、タックス・ヘイブン対策税制の適用対象とはなりません。

少数私募外国投資信託、例えば極端な例ですが、一人私募外国投資信託についても、受益者が一人だけであることにより、税務上の集団投資信託ではないと直ちに否定はできません。しかし、外国で投資信託を設定し日本への分配を行わず意図的に課税の繰延目的のみのケースは、税務上のリスクがあると思われます。

オフショアトラスト

オフショアトラストは海外信託、正確には外国法で設立された信託という意味です。信託は法人ではありません。財産を拠出する人（セトラー）とその資産を受託管理する弁護士や信託会社（トラスティ）、その信託に移された資産から生ずる利益を得る受益者（ベネフィシャリー）の3者で成り立ちます。

税金対策としての観点では、欧米（英米法が適用される国の意味です。スイスには信託の概念はありませんがスキーム的には使用されています）では、資産家の資産管理プランを立てるときに利用されます。

トラストの税金関係については、欧米ではトラストそのものが税金を払う主体となり、しかも税率は一般に低く抑えられます。ここまでに言及したタックス・ヘイブンのほとんどでトラストの設立が可能です。例えば、ケイマンにはスター信託、ブリティッシュ・ヴァージン諸島にはヴィスタ信託があります。

スター信託、STAR（Special Trust Alternative Regime）信託の主な特徴には、慈善目的だけでなく、受益者や信託目的を自由に設計でき商業目的も可能で、終期がなく永久に継続することです（ダイナスティトラスト）。さらに誰の受益にもならないトラストも設定できます。例えば、ファミリービジネスの株式保有目的のみのトラストは、創業者の相続人が株式を売ろうとしてもそれができず、永久にファミリービジネスが存続するわけです。

トラストの母国イギリスでは、２００６年の税制改正で、ほとんどすべての新規信託への資産拠出や既存信託への資産追加拠出が課税されることになってしまいました。これにより財産の払い戻しおよび信託創設から10年ごとに課税されます。

○オーストラリアのオフショアトラスト

オーストラリアのトラストの非居住：オフショア、居住：オンショアの区分は、簡単にいいますと、受託者（Trustee）がオーストラリアの居住者か非居住者で決められます。信託での投資による利益を享受できる権利のある受益者が現存すれば、居住、非居住問わず、受益者課税となります。こうした受益者がいなければ受託者課税になります。

ファミリートラスト（裁量信託）の一般的なスキームはこうです（図9-5）。拠出者については、弁護士等の第三者が僅かな金額を信託に拠出し、父母等の被相続人による信託への貸付金で、信託での運用資金が賄われます。信託からの利益分配は、受益者がオーストラリア居住者なら全世界所得が課税対象になります。受益者が非居住者であればオーストラリア国内源泉所得になります。非居住者は自国の税制に従い、税務申告することになります。

他の税金では、一定の条件下、死亡により、資産がチャリティー、スーパーファンド（スーパーアニュエーションという私的年金ファンド等）や海外居住者に移転したとき、譲渡益課税が発生します。

日本居住者も、オーストラリアのトラストを投資の器として利用することは可能です。トラストからの分配益を日本で合算して確定申告することになります。現地での税金は外国税額控除で日本の税金から控除することになります。

図9-5 ファミリートラストのスキーム例

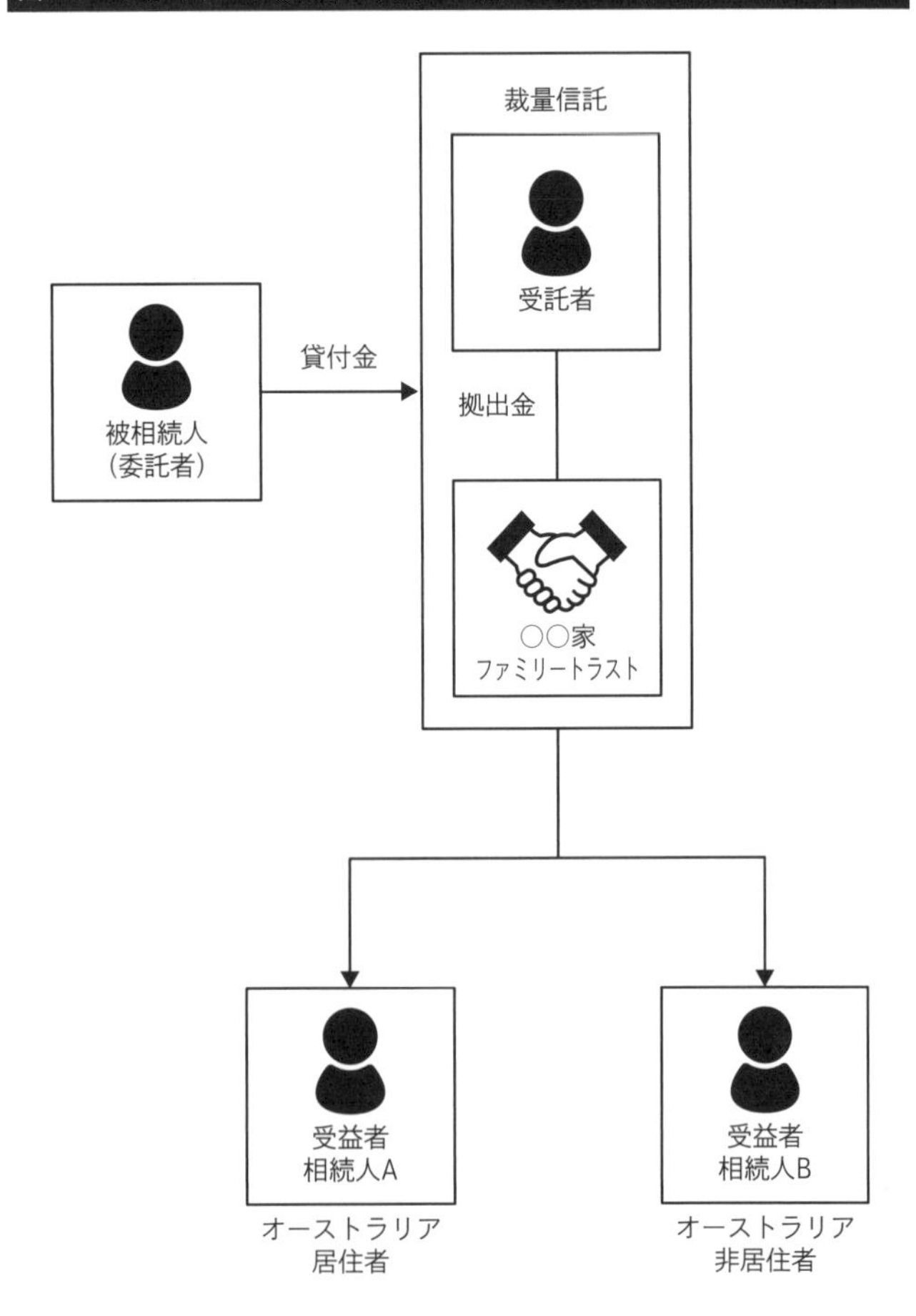

2つの財団を頂点とするイケアのスキーム

イケアはスウェーデン発祥の家具販売店で、欧米、アジア、オセアニアなどの40カ国以上に375店舗を構えたとの情報もあり、その規模は世界最大級です。日本でも13店舗が営業しています。

イケアも世界各国のグループ会社等を巧みに組み合わせたグローバルなタックスプランを実行しています。グループ全体でどれだけ節税してきたかは、2016年にヨーロッパ議会に提出された IKEA :Flat Pack Tax avoidance で明らかにされています。

イケアグループのビジネスの頂点には2つの財団があり、各々が異なる役割を果たしながら、それぞれの傘下に複数のグループ会社を持ち、複雑な体制を作り上げています。他にカンプラード一族がオーナーの Ikano SA（ルクセンブルク）もあり、金融、不動産業を行い、東南アジアとメキシコにイケアのフランチャイズ店も少しあります。

創業者イングヴァル・カンプラード（Ingvar Kamprad）氏は2018年1月にスウェーデンの自宅で91歳で亡くなりましたが、88歳までは、スイスに数十年居住していました。イケアグループのスーパバイザリー・ボードの会長を２００６年に辞任する一方、INGKA Foundation のスーパバイザリー・ボードのシニア・アドバイザーとして活躍していました。

財団のひとつは、スティヒティング・インカ・ファウンデーション（ＳＩＦ：Stichting INGKA Foundation）というオランダの非営利慈善財団であり、免税財団でもあります。年次報告書の提出義務がないことから、財務内容はわかりません。

この財団は、１９８２年に創業者のカンプラード氏によって設立され、財団名のＩＮＧＫＡは同氏の名前から取られています。最大の特徴は、イケアの店舗や工場などグループ会社の持株会社にあたるインカ・ホールディング（INGKA Holding BV）の株式を持っているという点でしょう。この会社名の最後に付く「BV」は、オランダの法人形態のひとつである Besloten Vennootschap のことで、出資者が出資額を限度として有限責任を負う有限責任会社であるとともに、株式の譲渡制限がある非公開会社であることを示しています。

INGKA Holding BV の傘下に、Ingka Centres と Ingaka Investments と Ikea Retail の三社があり、このIngka グループの２０２１年連結売上高は39・７８４ミリオンユーロ、

法人税は0・7ビリオンユーロ、法人実効税率は29・3％でした（Ingka Group Data and Progress 2021）。ちなみに、最近のイケアグループの年次報告書には、先の IKEA レポートが出たため、税金支払の記述が強調されているようです。

もうひとつの財団であるインターゴ財団（Interogo Foundation）はリヒテンシュタインにあり、スイスにあるインターゴ・ホールディング（Intergo Holding AG）とオランダにあるインター・イケア・ホールディング BV（Inter Ikea Holging BV）の100％所有者です。後者のインター・イケア・ホールディング BV の2021年度の純利益は1・4ビリオンユーロ、総資産は21・4ビリオンユーロでした。

また傘下にフランチャイズ店の管理をするINTER IKEA Systems BVや、イケアの商品の開発・設計を行う Ikea Sweden AB のほか、商品のサプライを行う Ikea Supply AG, Ikea Industry AB があります。INTER IKEA Systems BV は、フランチャイジーに対して Ikea Supply AG が調達、販売、搬送するよう指示を出します。Ikea Industry AB は家庭家具の製造を行います（Foundation Ownership at IKEA, Copenhagen Business School 25,Janauary 2022）。

このようなイケアのグループ構成は図9－6のようになっています。

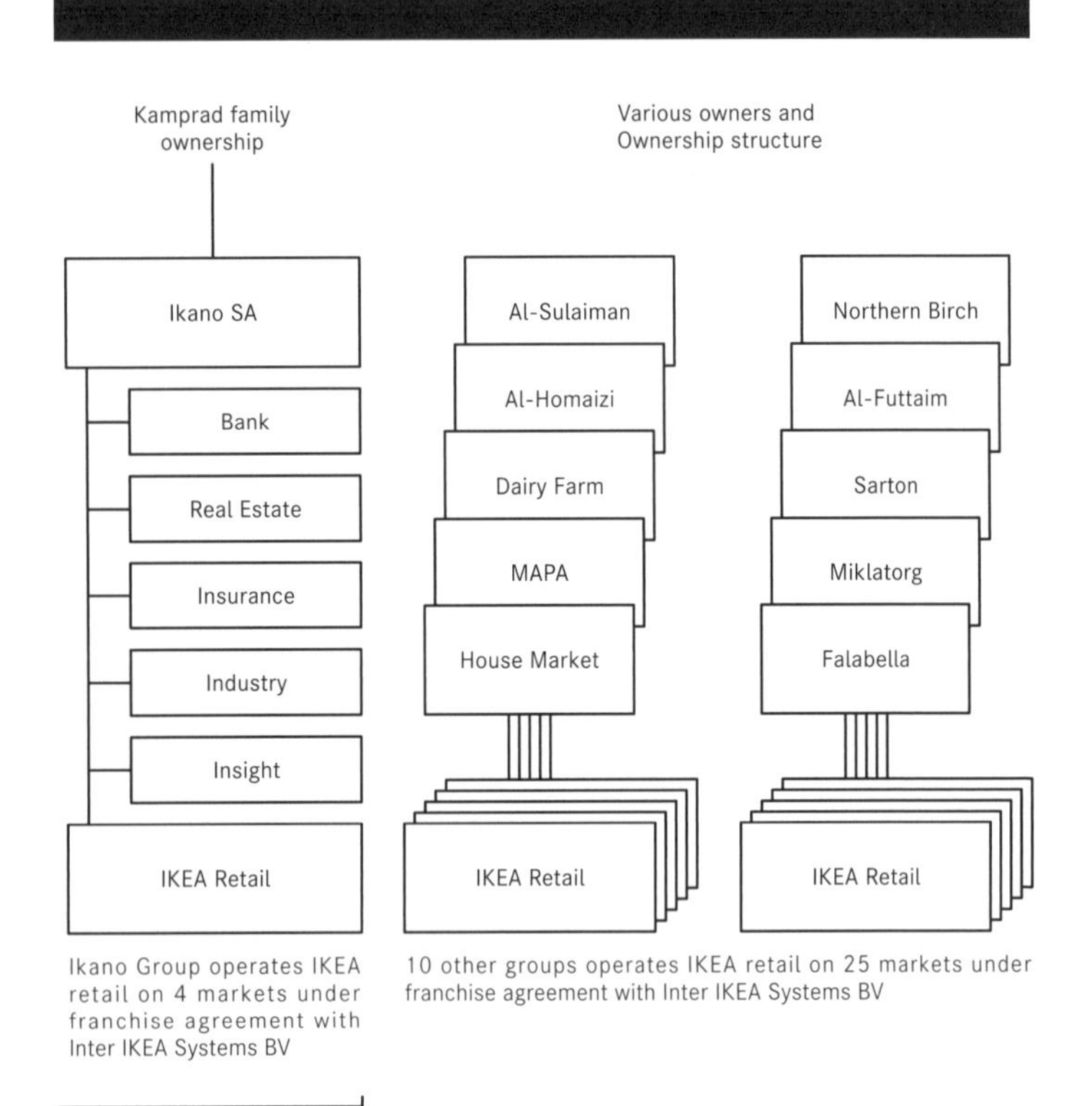

※2021年8月31日現在
※図は簡略化したものであり、IKEA以外のビジネスも含まれています

図9-6 IKEAの企業構造

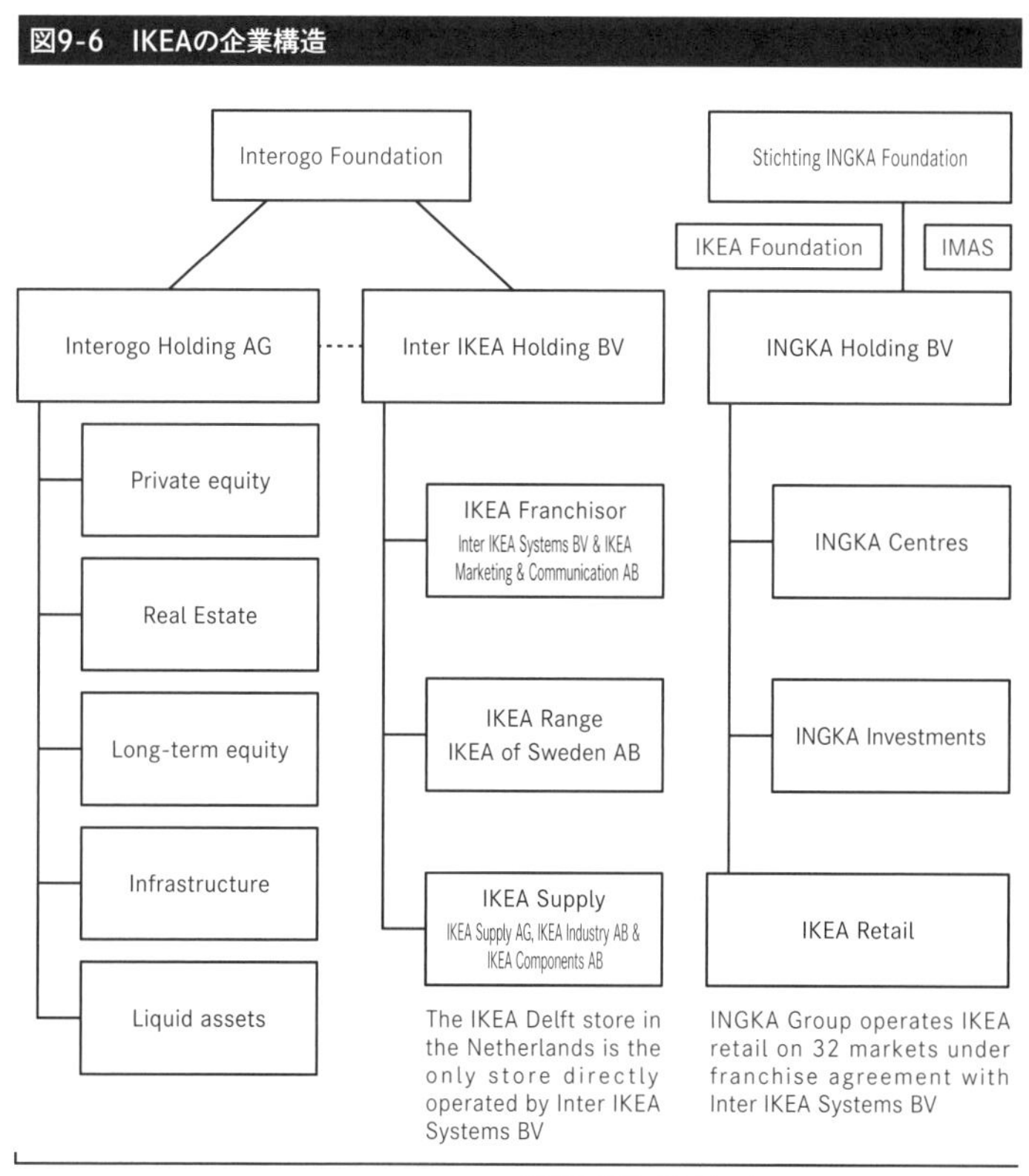

おわりに

本書は、海外に成長機会を求める企業や個人の方々に送る国際税務についての入門書です。国内外の企業や個人の実際のタックスプランニングをとりあげることにより、すぐに役立つ情報を提供するものを心がけました。

なお、本書でとりあげた日本の税制は２０２３年１月１日現在のものです。外国の税率も出典文献にある年度のもので、可能な限りで２０２３年１月１日の税率を記載しています。

また、ご紹介したプランなどについては、実行時には必ず専門家にご相談いただきたいと思います。国際税務プランニングは国内税法、外国税法と当事者国間の租税条約の３つをトータルで考える必要があり、とても複雑なものになるからです。

【免責事項】
本書の内容に関しては正確性を期していますが、内容について保証するものではございません。取引等の最終判断に関しては、税理士または税務署に確認するなどして、ご自身の判断でお願いいたします。

参考文献

- 古橋隆之＋GTAC『究極のグローバル節税』幻冬舎、2014
- 古橋隆之『富裕層の新納税術　海外タックス・プランニング』総合法令出版、2009
- 中里実他『ＢＥＰＳとグローバル経済活動』有斐閣、2017
- 藤枝純他『タックス・ヘイブン対策税制の実務詳解第2版』中央経済社、2017
- 佐和周他『2020年度税制改正後のタックス・ヘイブン対策税制』中央経済社、2020
- ウイザーズ・ジャパン税理士法人『Q&Aクロスボーダー信託の税務』税務経理協会、2015
- Wolters Kluwer『U.S. Master Tax Guide 2019』
- 海外信託税務研究会『海外信託による相続の税務&法務』第一法規、2018

（雑誌）

- 『国際税務』税務研究会
- 『月刊税務事例』財経詳報社
- 『税務研究』日本租税研究協会
- 『tax notes international』

古橋隆之（ふるはし・たかゆき）

1954年生まれ。税理士。早稲田大学法学部卒業後、南山大学法学研究科修了、太田昭和アーンストアンドヤング株式会社（現・EY税理士法人）などを経て独立。古橋&アソシエイツ・古橋隆之税理士事務所代表。外資系企業の日本進出時の会計・税務や国内投資ファンドへの税務コンサルティング及び国内中小・中堅企業の海外事業進出、資産家に対する国際税務支援で多数の実績を有す。国外のネットワークを活かした最新の世界税務事情に基づくグローバル税務には、国内外で定評がある。著書に『富裕層の新納税術 海外タックス・プランニング』『海外納税のすすめ』『納税者反乱』（総合法令出版）、『究極のグローバル節税』（幻冬舎）など。

お金持ちは海外で納税する
タックスプランニングの教科書

2023年12月19日　初版発行

著　者　古橋隆之
発行者　野村直克
発行所　総合法令出版株式会社
〒103-0001　東京都中央区日本橋小伝馬町15-18
EDGE小伝馬町ビル9階
電話　03-5623-5121
印刷・製本　中央精版印刷株式会社

落丁・乱丁本はお取替えいたします。

ISBN 978-4-86280-889-9
総合法令出版ホームページ　http://www.horei.com/